U0107776

Boethius

THE THEOLOGICAL TRACTATES
THE CONSOLATION OF PHILOSOPHY

本书根据 William Heinemann 出版公司 1926 年版译出

中外哲

总主编 李

外国哲学

神学论文集 哲学的慰藉

〔古罗马〕波爱修斯 著

荣震华 译

商务印书馆
The Commercial Press

中外哲学典籍大全

总主编 李铁映 王伟光

顾 问（按姓氏笔画排序）

王树人 邢贲思 汝 信 李景源 杨春贵 张世英 张立文

张家龙 陈先达 陈晏清 陈筠泉 黄心川 曾繁仁 楼宇烈

学术委员（按姓氏笔画排序）

万俊人 马 援 丰子义 王立胜 王南湜 王柯平 王 博

冯颜利 任 平 刘大椿 江 怡 孙正聿 李存山 李景林

杨 耕 汪 晖 张一兵 张汝伦 张志伟 张志强 陈少明

陈 来 陈学明 欧阳康 尚 杰 庞元正 赵汀阳 赵剑英

赵敦华 倪梁康 徐俊忠 郭齐勇 郭 湛 韩庆祥 韩 震

傅有德 谢地坤

总编辑委员会

主 任 王立胜

副主任 张志强 冯颜利 王海生

委 员（按姓氏笔画排序）

甘绍平 仰海峰 刘森林 杜国平 李 河 吴向东 陈 鹏

陈 霞 欧阳英 单继刚 赵汀阳 郝立新

外国哲学典籍卷

学术委员会

主　任　汝　信

委　员（按姓氏笔画排序）

马寅卯　王　齐　王　颂　冯　俊　冯颜利　江　怡　孙向晨

孙周兴　李文堂　李　河　张志伟　陈小文　赵汀阳　倪梁康

黄裕生　韩水法　韩　震　詹文杰

编辑委员会

主　任　马寅卯

委　员（按姓氏笔画排序）

邓　定　冯嘉荟　吕　超　汤明洁　孙　飞　李　剑　李婷婷

吴清原　佘瑞丹　冷雪涵　张天一　张桂娜　陈德中　赵　猛

韩　骁　詹文杰　熊至立　魏　伟

中外哲学典籍大全
总　　序

　　《中外哲学典籍大全》的编纂，是一项既有时代价值又有历史意义的重大工程。

　　中华民族经过了近一百八十年的艰苦奋斗，迎来了中国近代以来最好的发展时期，迎来了奋力实现中华民族伟大复兴的时期。中华民族只有总结古今中外的一切思想成就，才能并肩世界历史发展的大势。为此，我们须要编纂一部汇集中外古今哲学典籍的经典集成，为中华民族的伟大复兴、为人类命运共同体的建设、为人类社会的进步，提供哲学思想的精粹。

　　哲学是思想的花朵、文明的灵魂、精神的王冠。一个国家、民族，要兴旺发达，拥有光明的未来，就必须拥有精深的理论思维，拥有自己的哲学。哲学是推动社会变革和发展的理论力量，是激发人的精神砥石。哲学能够解放思想，净化心灵，照亮人类前行的道路。伟大的时代需要精邃的哲学。

一　哲学是智慧之学

　　哲学是什么？这既是一个古老的问题，又是哲学永恒的话题。追问"哲学是什么"，本身就是"哲学"问题。从哲学成为思维的那一天起,哲学家们就在不停的追问中发展、丰富哲学的篇章,给出一张又一张答卷。每个时代的哲学家对这个问题都有自己的诠释。哲学是什么,是悬在人类智慧面前的永恒之问,这正是哲学之为哲学的基本特点。

哲学是全部世界的观念形态、精神本质。人类面临的共同问题,是哲学研究的根本对象。本体论、认识论、世界观、人生观、价值观、实践论、方法论等,仍是哲学的基本问题,是哲学的生命力所在!哲学研究的是世界万物的根本性、本质性问题。人们已经对哲学作出许多具体定义,但我们可以尝试再用"遮诠"的方式描述哲学的一些特点,从而使人们加深对"何为哲学"的认识。

哲学不是玄虚之观。哲学来自人类实践,关乎人生。哲学对现实存在的一切追根究底、"打破砂锅问到底"。它不仅是问"是什么(being)",而且主要是追问"为什么(why)",特别是追问"为什么的为什么"。它关注整个宇宙,关注整个人类的命运,关注人生。它关心柴米油盐酱醋茶和人的生命的关系,关心人工智能对人类社会的挑战。哲学是对一切实践经验的理论升华,它关心具体现象背后的根据,关心"人类如何会更好"。

哲学是在根本层面上追问自然、社会和人本身,以彻底的态度反思已有的观念和认识,从价值理想出发把握生活的目标和历史的趋势,从而展示了人类理性思维的高度,凝结了民族进步的智慧,寄托了人们热爱光明、追求真善美的情怀。道不远人,人能弘道。哲学是把握世界、洞悉未来的学问,是思想解放与自由的大门!

古希腊的哲学家们被称为"望天者"。亚里士多德在《形而上学》一书中说："最初人们通过好奇－惊赞来做哲学。"如果说知识源于好奇的话，那么产生哲学的好奇心，必须是大好奇心。这种"大好奇心"只为一件"大事因缘"而来。所谓"大事"，就是天地之间一切事物的"为什么"。哲学精神，是"家事、国事、天下事，事事要问"，是一种永远追问的精神。

哲学不只是思想。哲学将思维本身作为自己的研究对象之一，对思想本身进行反思。哲学不是一般的知识体系，而是把知识概念作为研究的对象，追问"什么才是知识的真正来源和根据"。哲学的"非对象性"的思维方式，不是"纯形式"的推论原则，而有其"非对象性"之对象。哲学不断追求真理，是认识的精粹，是一个理论与实践兼而有之的过程。哲学追求真理的过程本身就显现了哲学的本质。天地之浩瀚，变化之奥妙，正是哲思的玄妙之处。

哲学不是宣示绝对性的教义教条，哲学反对一切形式的绝对。哲学解放束缚，意味着从一切思想教条中解放人类自身。哲学给了我们彻底反思过去的思想自由，给了我们深刻洞察未来的思想能力。哲学就是解放之学，是圣火和利剑。

哲学不是一般的知识。哲学追求"大智慧"。佛教讲"转识成智"，"识"与"智"之间的关系相当于知识与哲学的关系。一般知识是依据于具体认识对象而来的、有所依有所待的"识"，而哲学则是超越于具体对象之上的"智"。

公元前六世纪，中国的老子说："大方无隅，大器晚成，大音希声，大象无形，道隐无名。夫唯道，善贷且成。"又说："反者道之动，弱者道之用。天下万物生于有，有生于无。"对"道"的追求就是对有之为有、无形无名的探究，就是对"天地何以如此"的探究。这种追求,使得哲学具有了天地之大用,具有了超越有形有名之有限经验的大智慧。这种大智慧、大用途,超越一切限制的篱笆,具有趋向无限的解放能力。

哲学不是经验科学,但又与经验有联系。哲学从其诞生之日起,就包含于科学形态之中,是以科学形态出现的。哲学是以理性的方式、概念的方式、论证的方式来思考宇宙与人生的根本问题。在亚里士多德那里,凡是研究"实体(ousia)"的学问,都叫作"哲学"。而"第一实体"则是存在者中的"第一个"。研究"第一实体"的学问被称为"神学",也就是"形而上学",这正是后世所谓"哲学"。一般意义上的科学正是从"哲学"最初的意义上赢得自己最原初的规定性的。哲学虽然不是经验科学,却为科学划定了意义的范围,指明了方向。哲学最后必定指向宇宙、人生的根本问题,大科学家的工作在深层意义上总是具有哲学的意味,牛顿和爱因斯坦就是这样的典范。

哲学既不是自然科学,也不是文学、艺术,但在自然科学的前头,哲学的道路展现了;在文学、艺术的山顶,哲学的天梯出现了。哲学不断地激发人的探索和创造精神,使人在认识世界的过程中不断达到新境界,在改造世界的过程中从必然王国到达自由王国。

哲学不断从最根本的问题再次出发。哲学史在一定意义上就是不断重构新的世界观、认识人类自身的历史。哲学的历史呈现,正是对哲学的创造本性的最好说明。哲学史上每一个哲学家对根本问题的思考,都在为哲学添加新思维、新向度,犹如为天籁山上不断增添一只只黄鹂、翠鸟。

如果说哲学是哲学史的连续展现中所具有的统一性特征,那么这种"一"是在"多"个哲学的创造中实现的。如果说每一种哲学体系都追求一种体系性的"一"的话，那么每种"一"的体系之间都存在着千丝相联、多方组合的关系。这正是哲学史昭示于我们的哲学之多样性的意义。多样性与统一性的依存关系，正是哲学寻求现象与本质、具体与普遍相统一的辩证之意义。

哲学的追求是人类精神的自然趋向，是精神自由的花朵。哲学是思想的自由，是自由的思想。

中国哲学是中华民族五千年文明传统中最为内在、最为深刻、最为持久的精神追求和价值观表达。中国哲学已经化为中国人的思维方式、生活态度、道德准则、人生追求、精神境界。中国人的科学技术、伦理道德、小家大国、中医药学、诗歌文学、绘画书法、武术拳法、乡规民俗，乃至日常生活都浸润着中国哲学的精神。华夏文明虽历经磨难而能够透魄醒神、坚韧屹立，正是来自于中国哲学深邃的思维和创造力。

先秦时代，老子、孔子、庄子、孙子、韩非子等诸子之间的百家争鸣，就是哲学精神在中国的展现，是中国人思想解放的第一次大爆发。两汉四百多年的思想和制度，是诸子百家思想在争鸣过程中大整合的结果。魏晋之际玄学的发生，则是儒道冲破各自藩篱、彼此互动互补的结果，形成了儒家独尊的态势。隋唐三百年，佛教深入中国文化，又一次带来了思想的大融合和大解放。禅宗的形成就是这一融合和解放的结果。两宋三百多年，中国哲学迎来了第三次大解放。儒释道三教之间的互润互持日趋深入，朱熹的理学和陆象山的心学，就是这一思想潮流的哲学结晶。

与古希腊哲学强调沉思和理论建构不同，中国哲学的旨趣在于实践人文关怀,它更关注实践的义理性意义。在中国哲学当中,知与行从未分离,有着深厚的实践观点和生活观点。伦理道德观是中国哲学的贡献。马克思说:"全部社会生活在本质上是实践的。"实践的观点、生活的观点也正是马克思主义认识论的基本观点。这种哲学上的契合性,正是马克思主义能够在中国扎根并不断中国化的哲学原因。

"实事求是"是中国的一句古话,在今天已成为深邃的哲理,成为中国人的思维方式和行为基准。实事求是就是解放思想,解放思想就是实事求是。实事求是是毛泽东思想的精髓,是改革开放的基石。只有解放思想才能实事求是。实事求是就是中国人始终坚持的哲学思想。实事求是就是依靠自己,走自己的道路,反对一切绝对观念。所谓中国化就是一切从中国实际出发,一切理论必须符合中国实际。

二 哲学的多样性

实践是人的存在形式,是哲学之母。实践是思维的动力、源泉、价值、标准。人们认识世界、探索规律的根本目的是改造世界、完善自己。哲学问题的提出和回答都离不开实践。马克思有句名言:"哲学家们只是用不同的方式解释世界,而问题在于改变世界。"理论只有成为人的精神智慧,才具有改变世界的力量。

哲学关心人类命运。时代的哲学,必定关心时代的命运。对时代命运的关心就是对人类实践和命运的关心。人在实践中产生的一切都具有现实性。哲学的实践性必定带来哲学的现实性。哲学的现实性就是强调人在不断回答实践中的各种问题时应该具有的态度。

哲学作为一门科学是现实的。哲学是一门回答并解释现实的学问；哲学是人们联系实际、面对现实的思想。可以说哲学是现实的最本质的理论，也是本质的最现实的理论。哲学始终追问现实的发展和变化。哲学存在于实践中，也必定在现实中发展。哲学的现实性要求我们直面实践本身。

哲学不是简单跟在实践后面，成为当下实践的"奴仆"，而是以特有的深邃方式，关注着实践的发展，提升人的实践水平，为社会实践提供理论支撑。从直接的、急功近利的要求出发来理解和从事哲学，无异于向哲学提出它本身不可能完成的任务。哲学是深沉的反思、厚重的智慧，是对事物的抽象、理论的把握。哲学是人类把握世界最深邃的理论思维。

哲学是立足人的学问，是人用于理解世界、把握世界、改造世界的智慧之学。"民之所好，好之，民之所惠，惠之。"哲学的目的是为了人。用哲学理解外在的世界，理解人本身，也是为了用哲学改造世界、改造人。哲学研究无禁区，无终无界，与宇宙同在，与人类同在。

存在是多样的，发展亦是多样的，这是客观世界的必然。宇宙万物本身是多样的存在，多样的变化。历史表明，每一民族的文化都有其独特的价值。文化的多样性是自然律，是动力，是生命力。各民族文化之间的相互借鉴、补充浸染，共同推动着人类社会的发展和繁荣，这是规律。对象的多样性、复杂性，决定了哲学的多样性；即使对同一事物，人们也会产生不同的哲学认识，形成不同的哲学派别。哲学观点、思潮、流派及其表现形式上的区别,来自于哲学的时代性、地域性和民族性的差异。世界哲学是不同民族的哲学的荟萃。多样性构成了世界,百花齐放形成了花园。不同的民族会有不同风格的哲学。恰恰是哲学的民族性,使不同的哲学都可以在世界舞台上演绎出各种"戏剧"。不同民族即使有相似的哲学观点,在实践中的表达和运用也会各有特色。

人类的实践是多方面的,具有多样性、发展性,大体可以分为:改造自然界的实践、改造人类社会的实践、完善人本身的实践、提升人的精神世界的精神活动。人是实践中的人,实践是人的生命的第一属性。实践的社会性决定了哲学的社会性,哲学不是脱离社会现实生活的某种遐想,而是社会现实生活的观念形态,是文明进步的重要标志,是人的发展水平的重要维度。哲学的发展状况,反映着一个社会人的理性成熟程度,反映着这个社会的文明程度。

哲学史实质上是对自然史、社会史、人的发展史和人类思维史的总结和概括。自然界是多样的,社会是多样的,人类思维是多样的。所谓哲学的多样性,就是哲学基本观念、理论学说、方法的异同,是哲学思维方式上的多姿多彩。哲学的多样性是哲学的常态,是哲学进步、发展和繁荣的标志。哲学是人的哲学,哲学是人对事物的自觉,是人对外界和自我认识的学问,也是人把握世界和自我的学问。哲学的多样性,是哲学的常态和必然,是哲学发展和繁荣的内在动力。一般是普遍性,特色也是普遍性。从单一性到多样性,从简单性到复杂性,是哲学思维的一大变革。用一种哲学话语和方法否定另一种哲学话语和方法,这本身就不是哲学的态度。

多样性并不否定共同性、统一性、普遍性。物质和精神、存在和意识，一切事物都是在运动、变化中的，是哲学的基本问题，也是我们的基本哲学观点！

当今的世界如此纷繁复杂，哲学多样性就是世界多样性的反映。哲学是以观念形态表现出的现实世界。哲学的多样性，就是文明多样性和人类历史发展多样性的表达。多样性是宇宙之道。

哲学的实践性、多样性还体现在哲学的时代性上。哲学总是特定时代精神的精华，是一定历史条件下人的反思活动的理论形态。在不同的时代，哲学具有不同的内容和形式。哲学的多样性，也是历史时代多样性的表达，让我们能够更科学地理解不同历史时代，更为内在地理解历史发展的道理。多样性是历史之道。

哲学之所以能发挥解放思想的作用，原因就在于它始终关注实践，关注现实的发展；在于它始终关注着科学技术的进步。哲学本身没有绝对空间，没有自在的世界，只能是客观世界的映象、观念的形态。没有了现实性，哲学就远离人，远离了存在。哲学的实践性说到底是在说明哲学本质上是人的哲学，是人的思维，是为了人的科学！哲学的实践性、多样性告诉我们，哲学必须百花齐放、百家争鸣。哲学的发展首先要解放自己，解放哲学，也就是实现思维、观念及范式的变革。人类发展也必须多途并进、交流互鉴、共同繁荣。采百花之粉，才能酿天下之蜜。

三　哲学与当代中国

中国自古以来就有思辨的传统，中国思想史上的百家争鸣就是哲学繁荣的史象。哲学是历史发展的号角。中国思想文化的每一次大跃升,都是哲学解放的结果。中国古代贤哲的思想传承至今,他们的智慧已浸入中国人的精神境界和生命情怀。

中国共产党人历来重视哲学。1938 年,毛泽东同志在抗日战争最困难的时期,在延安研究哲学,创作了《实践论》和《矛盾论》,推动了中国革命的思想解放,成为中国人民的精神力量。

中华民族的伟大复兴必将迎来中国哲学的新发展。当代中国必须要有自己的哲学,当代中国的哲学必须要从根本上讲清楚中国道路的哲学内涵。中华民族的伟大复兴必须要有哲学的思维,必须要有不断深入的反思。发展的道路就是哲思的道路;文化的自信就是哲学思维的自信。哲学是引领者,可谓永恒的"北斗",哲学是时代的"火焰",是时代最精致最深刻的"光芒"。从社会变革的意义上说,任何一次巨大的社会变革,总是以理论思维为先导。理论的变革总是以思想观念的空前解放为前提,而"吹响"人类思想解放第一声"号角"的,往往就是代表时代精神精华的哲学。社会实践对于哲学的需求可谓"迫不及待",因为哲学总是"吹响"新的时代的"号角"。"吹响"中国改革开放之"号角"的,正是"解放思想""实践是检验真理的唯一标准""不改革死路一条"等哲学观念。"吹响"新时代"号角"的是"中国梦""人民对美好生活的向往,就是我们奋斗的目标"。发展是人类社会永恒的动力,变革是社会解放的永恒的课题,思想解放、解放思想是无尽的哲思。中国正走在理论和实践的双重探索之路上,搞探索没有哲学不成!

中国哲学的新发展,必须反映中国与世界最新的实践成果,必须反映科学的最新成果,必须具有走向未来的思想力量。今天的中国人所面临的历史时代,是史无前例的。14 亿人齐步迈向现代化,这是怎样的一幅历史画卷!是何等壮丽、令人震撼!不仅中国亘古未有,在世界历史上也从未有过。当今中国需要的哲学,是结合天道、地理、人德的哲学,是整合古今中外的哲学,只有这样的哲学才是中华民族伟大复兴的哲学。

当今中国需要的哲学,必须是适合中国的哲学。无论古今中外,再好的东西,也需要经过再吸收、再消化,经过现代化、中国化,才能成为今天中国自己的哲学。哲学的目的是解放人,哲学自身的发展也是一次思想解放,也是人的一次思维升华、羽化的过程。中国人的思想解放,总是随着历史不断进行的。历史有多长,思想解放的道路就有多长;发展进步是永恒的,思想解放也是永无止境的;思想解放就是哲学的解放。

习近平同志在 2013 年 8 月 19 日重要讲话中指出,思想工作就是"引导人们更加全面客观地认识当代中国、看待外部世界"。这就需要我们确立一种"知己知彼"的知识态度和理论立场,而哲学则是对文明价值核心最精炼和最集中的深邃性表达,有助于我们认识中国、认识世界。立足中国、认识中国,需要我们审视我们走过的道路;立足中国、认识世界,需要我们观察和借鉴世界历史上的不同文化。中国"独特的文化传统"、中国"独特的历史命运"、中国"独特的基本国情",决定了我们必然要走适合自己特点的发展道路。一切现实的、存在的社会制度,其形态都是具体的,都是特色的,都必须是符合本国实际的。抽象的或所谓"普世"的制度是不存在的。同时,我们要全面、客观地"看待外部世界"。研究古今中外的哲学,是中国认识世界、认识人类史、认识自己未来发展的必修课。今天中国的发展不仅要读中国书,还要读世界书。不仅要学习自然科学、社会科学的经典,更要学习哲学的经典。当前,中国正走在实现"中国梦"的"长征"路上,这也正是一条思想不断解放的道路!要回答中国的问题,解释中国的发展,首先需要哲学思维本身的解放。哲学的发展,就是哲学的解放,这是由哲学的实践性、时代性所决定的。哲学无禁区、无疆界。哲学关乎宇宙之精神,关乎人类之思想。哲学将与宇宙、人类同在。

四 哲学典籍

《中外哲学典籍大全》的编纂,是要让中国人能研究中外哲学经典,吸收人类思想的精华;是要提升我们的思维,让中国人的思想更加理性、更加科学、更加智慧。

中国有盛世修典的传统,如中国古代的多部典籍类书(如《永乐大典》《四库全书》等)。在新时代编纂《中外哲学典籍大全》,是我们的历史使命,是民族复兴的重大思想工程。

只有学习和借鉴人类思想的成就,才能实现我们自己的发展,走向未来。《中外哲学典籍大全》的编纂,就是在思维层面上,在智慧境界中,继承自己的精神文明,学习世界优秀文化。这是我们的必修课。

不同文化之间的交流、合作和友谊,必须在哲学层面上获得相互认同和借鉴。哲学之间的对话和倾听,才是从心到心的交流。《中外哲学典籍大全》的编纂,就是在搭建心心相通的桥梁。

我们编纂的这套哲学典籍大全包括四个方面的内容:一是中国哲学,整理中国历史上的思想典籍,浓缩中国思想史上的精华;

二是外国哲学,主要是西方哲学,以吸收、借鉴人类发展的优秀哲学成果;三是马克思主义哲学,展示马克思主义哲学中国化的成就;四是中国近现代以来的哲学成果,特别是马克思主义在中国的发展。

编纂《中外哲学典籍大全》,是中国哲学界早有的心愿,也是哲学界的一份奉献。《中外哲学典籍大全》总结的是经典中的思想,是先哲们的思维,是前人的足迹。我们希望把它们奉献给后来人,使他们能够站在前人的肩膀上,站在历史岸边看待自身。

《中外哲学典籍大全》的编纂,是以"知以藏往"的方式实现"神以知来";《中外哲学典籍大全》的编纂,是通过对中外哲学历史的"原始反终",从人类共同面临的根本大问题出发,在哲学生生不息的道路上,彩绘出人类文明进步的盛德大业!

发展的中国,既是一个政治、经济大国,也是一个文化大国,也必将是一个哲学大国、思想王国。人类的精神文明成果是不分国界的,哲学的边界是实践,实践的永恒性是哲学的永续线性,敞开胸怀拥抱人类文明成就,是一个民族和国家自强自立,始终伫立于人类文明潮流的根本条件。

拥抱世界、拥抱未来、走向复兴,构建中国人的世界观、人生观、价值观、方法论,这是中国人的视野、情怀,也是中国哲学家的愿望!

李铁映

二〇一八年八月

关于外国哲学
——"外国哲学典籍卷"弁言

李铁映

有人类，有人类的活动，就有文化，就有思维，就有哲学。哲学是人类文明的精华。文化是人的实践的精神形态。

人类初蒙，问天究地，思来想去，就是萌昧之初的哲学思考。

文明之初，如埃及法老的文化；两河流域的西亚文明；印度的吠陀时代，都有哲学的意蕴。

欧洲古希腊古罗马文明等，拉丁美洲的印第安文明，玛雅文化，都是哲学的初萌。

文化即一般存在，而哲学是文化的灵魂。文化是哲学的基础，社会存在。文化不等同于哲学，但没有文化的哲学，是空中楼阁。哲学产生于人类的生产、生活，概言之，即产生于人类的实践。是人类对自然、社会、人身体、人的精神的认识。

但历史的悲剧，发生在许多文明的消失。文化的灭绝是人类最大的痛疚。

只有自己的经验，才是最真实的。只有自己的道路才是最好的路。自己的路，是自己走出来的。世界各个民族在自己的历史上，也在不断的探索自己的路，形成自己生存、发展的哲学。

知行是合一的。知来自于行,哲学打开了人的天聪,睁开了眼睛。

欧洲哲学,作为学术对人类的发展曾作出过大贡献,启迪了人们的思想。特别是在自然科学、经济学、医学、文化等方面的哲学,达到了当时人类认识的高峰。欧洲哲学是欧洲历史的产物,是欧洲人对物质、精神的探究。欧洲哲学也吸收了世界各民族的思想。它对哲学的研究,对世界的影响,特别是在思维观念、语意思维的层面,构成了新认知。

历史上,有许多智者,研究世界、自然和人本身。人类社会产生许多观念,解读世界,解释人的认识和思维,形成了一些哲学的流派。这些思想对人类思维和文化的发展,有重大作用,是人类进步的力量。但不能把哲学仅看成是一些学者的论说。哲学最根本的智慧来源于人类的实践,来源于人类的生产和生活。任何学说的真价值都是由人的实践为判据的。

哲学研究的是物质和精神,存在和思维,宇宙和人世间的诸多问题。可以说一切涉及人类、人本身和自然的深邃的问题,都是哲学的对象。哲学是人的思维,是为人服务的。

资本主义社会,就是资本控制的社会。资本主义社会的文化、哲学,有着浓厚的铜臭。

有什么样的人类社会,就会有什么样的哲学,不足为怪。应深思“为什么?”“为什么的为什么?”这就是哲学之问,是哲学发展的自然律。哲学尚回答不了的问题,正是哲学发展之时。

哲学研究人类社会,当然有意识形态性质。哲学产生于一定社会,当然要为它服务。人类的历史,长期是阶级斗争的历史,而哲学作为上层建筑，是意识形态。阶级斗争的意识，深刻影响着意识形态，哲学也如此。为了殖民、压迫、剥削……社会的资本化，文化也随之资本化。许多人性的、精神扭曲的东西通过文化也资本化。如色情业、毒品业、枪支业、黑社会、政治献金，各种资本的社会形态成了资本社会的基石。这些社会、人性的变态，逐渐社会化、合法化，使人性变得都扭曲、丑恶。社会资本化、文化资本化、人性的资本化，精神、哲学成了资本的外衣。真的、美的、好的何在?! 令人战栗!!

哲学的光芒也腐败了，失其真! 资本的洪水冲刷之后的大地苍茫……

人类社会不是一片净土，是有污浊渣滓的，一切发展、进步都要排放自身不需要的垃圾，社会发展也如此。进步和发展是要逐步剔除这些污泥浊水。但资本揭开了魔窟，打开了潘多拉魔盒，呜呜! 这些哲学也必然带有其诈骗、愚昧人民之魔术。

外国哲学正是这些国家、民族对自己的存在、未来的思考，是他们自己的生产、生活的实践的意识。

哲学不是天条，不是绝对的化身。没有人，没有人的实践，哪来人的哲学? 归根结底，哲学是人类社会的产物。

哲学的功能在于解放人的思想，哲学能够使人从桎梏中解放出来，找到自己的自信的生存之道。

欧洲哲学的特点，是欧洲历史文化的结节，它的一个特点，是与神学粘联在一起，与宗教有着深厚的渊源。它的另一个特点是私有制、个人主义。使人际之间关系冷漠，资本主义的殖民主义，对世界的奴役、暴力、战争，和这种哲学密切相关。

　　马克思恩格斯突破了欧洲资本主义哲学,突破了欧洲哲学的神学框架,批判了欧洲哲学的私有制个人主义体系,举起了历史唯物主义,唯物辩证法的大旗,解放了全人类的头脑。人类从此知道了自己的历史,看到了未来光明。社会主义兴起,殖民主义解体,被压迫人民的解放斗争,正是马哲的力量。没有马哲对西方哲学的批判,就没有今天的世界。

　　二十一世纪将是哲学大发展的世纪,是人类解放的世纪,是人类走向新的辉煌的世纪。不仅是霸权主义的崩塌,更是资本主义的存亡之际,人类共同体的哲学必将兴起。

　　哲学解放了人类,人类必将创造辉煌的新时代,创造新时代的哲学。英特纳雄耐尔就一定会实现,这就是哲学的力量。未来属于人民,人民万岁!

神学论文集　哲学的慰藉

目　　录

英译者导言

　　波爱修斯（Anicius Manlius Severinus Boethius），约在公元
480 年出生于罗马古城东部拉丁区内著名的安尼修斯家族。他的
父亲曾任执政官；他本人也于公元 510 年在东哥特国王狄奥多里
克下面任执政官。他的妻子，是声名显赫的叙马库斯（Q.
Aurelius Symmachus）的孙女，而他们的两个儿子，也于公元 522
年当上了联合执政官。他的辉煌仕途与他的显赫出身、学术造诣
和崇高品性是相匹配的。然而，他后来却遭到狄奥多里克的厌
恶，被指控犯有阴谋叛国罪，密谋与东罗马帝国的查士丁尼一世
一起来推翻东哥特国。于是，他被投入位于帕维亚（Pavia）的监
狱，在狱中，他写下了《哲学的慰藉》，后于公元 524 年被残忍地处
死。他在那短暂而繁忙的一生中，留下了大量著述。他学识渊
博，勤奋工作，学无止境；他向他的同胞们介绍了柏拉图和亚里士
多德的全部著作，还把他们之间一些明显歧异的观点加以调和。
一个人根据自己对所处时代的理解作出冷静的判断，就得以形成
观念，但将其付诸实现，那可能就不是独自一人所能做到的了。
然而，波爱修斯，却成就斐然。他翻译了波菲利（Porphyry）的《亚
里士多德〈范畴篇〉引论》（Εἰσαγωγή），以及亚里士多德的整部《工
具论》（Organon）。关于波斐利的《引论》，他写过两篇注释，他还

注释了亚里士多德的《范畴篇》(*Categories*)和《解释篇》(*De Interpretatione*),又对西塞罗的《论题篇》(*Topica*)做了注释。另外,他又撰写了一些有关"直言三段论"、"假言三段论"、"划分"和"论题区分"的论文。* 他改编了尼科马库斯(Nicomachus)的《算术导论》,而直到近代,他那本以多部希腊文原著为依据的音乐教科书,还在牛津大学和剑桥大学使用。本书收入了他的五篇神学论文,连同《哲学的慰藉》,其重要性是不言自明的。

波爱修斯是最后一位罗马哲学家,又是第一位经院哲学家。现在收编的这个集子,可以佐证这样的断言。

正如吉本(Gibbon)所说的那样,《哲学的慰藉》确实是"一篇罕有的佳作,丝毫不比柏拉图和西塞罗的著作逊色"。也曾有人从维护作者的基督教信仰的角度出发,对该书的创意和诚意有所责难,然而,这正误解了作者所怀有的本意和所采用的方法。正如已经提到过的那样,《哲学的慰藉》并不是由亚里士多德和新柏拉图主义者的那些译著拼凑而成的。毋宁说,它是一个穷尽一生终于在理性之不偏不倚的光照中寻得至高慰藉的人所写下的登峰造极的杰作。他身陷囹圄,无法获得以前一直陪伴着他的那些心爱的藏书,他现在所能聊以自慰的,就是留存在脑海中的那些诗句以及对往日的追忆。这里所抒发的绝不是什么新柏拉图主义的议论,而全都是他自己的议论。

如果说《哲学的慰藉》将波爱修斯归到西塞罗甚或柏拉图一

---

* 这方面极其丰富的内容,可参阅胡龙彪著《拉丁教父波爱修斯》第二章,"伟大的逻辑学家",商务印书馆 2006 年版,第 34—130 页。——译注

类人的话,那么,《神学论文集》就标志着他是圣托马斯·阿奎那的先驱了。早先一代的人,习惯于把波爱修斯看作是一位折中家,他所传播的是歪曲了的亚里士多德学说,认为他是异教徒,或者,至多也不过是一个三心二意的基督徒,这样的基督徒,最终把原来在和平时代所怀有的信仰丢弃掉,把自己裹在哲学的大氅里,而这才是真正适合于他的东西。至于那些神学论文的真实性,则遭到了轻率的否认。而现在我们有了更好的认识。阿尔弗雷德·霍尔德(Alfred Holder)发现了卡西奥多鲁斯(Cassiodorus)的残篇,又由赫尔曼·乌泽纳(Hermann Usener)对其作了启发性的讨论①,这就充分证明了这部手稿的真实性,而不是仅仅依靠一些学者千方百计从手稿内容上来论证它。卡西奥多鲁斯在那个残篇中,十分明确地认定波爱修斯写了"一本论述三位一体的著作,有关教义的几个章节,以及一本反驳聂斯托利的著作"②。毫无疑问,波爱修斯是一个基督徒,一位博士,也许还是一位殉教者。切不可认为,他被投入监狱后会放弃他的信仰。如果要问,为什么他在神学论文中如此孜孜以求的那些教义,在《哲学的慰藉》中却丝毫没有得到什么有意识的或者直接的引用,而且,大多并没有做到跟基督教协调一致,那么,回答很简单。波爱修斯在《哲学的慰藉》中,写的是哲学;而在《神学论文集》中,写的是神学。他观

① 《霍尔德轶事》(*Anecdoton Holderi*),莱比锡,1877 年。——英译者

② *Scripsit Librum de sancta Trinintate et capita quaedam dogmatica et librum contra Nestoriam*. 关于第四篇论文《论天主教信仰》的真实性问题,见本篇注。

察到了帕斯卡(Pascal)＊称之为事物之秩序的东西。哲学属于一
种秩序,而神学属于另外一种秩序。它的对象各不相同。哲学的
对象,是去理解和解释我们周围世界的本性;而神学的对象,则是
去理解和解释由属神的启示提供给我们的那些教义。经院哲学
家们认识到这样的区分①,也认识到在信仰的职能与理性的职能
这二者之间的差异。他们最终的目的是要把二者协调起来,但
是,一直到13世纪以前还做不到。而波爱修斯,却在他那个时代
就已经设法为此铺平道路了。在《哲学的慰藉》一书中,他让理性
获得它应有的品位,容许它独自去维护神意所设定的道路。而在
《神学论文集》中,理性被要求去支持信仰的各项要求,尽管信仰
并不真的欠缺支持。② 然而,理性仍有发表意见的权利。《神学论
文集》的头两篇论文,尤其是第二篇论文,更清晰地描述了这样的
区分,不亚于圣托马斯·阿奎那本人;当然,其含义在于信仰具有
更高的权威。不过,该文的论述方法却是哲学式的,是颇有胆识
的。波爱修斯在关于三位一体的第一篇论文中就讨论了属神的
位格的实质性问题,而在第二篇论文中,他又从一个新的观点出
发返回到这一问题。他再一次断定,对位格的称谓是相对的;他
得出结论说,即使是三位一体,也并非实质性地被用来指称神性。

＊　帕斯卡(1623—1662),法国哲学家和数学家。他强调信仰优先于知识,信仰高
于一切,坚信只有通过直觉才能洞察一切。——译注

①　参见沃尔夫(H. de Wulf)的《中世纪哲学史》(*Histoire de la philosophie
médiévale*),卢汶与巴黎,1915年版,第332页。

②　见本文集中《论三位一体是一个上帝而非三个上帝》一文的最后一节,即第
VI节。

这是否跟天主教教义相符呢？我们可以听听他对约翰助祭司所说的一句带挑战性的话："请您来协调信仰和理性。"（*fidem si poterit rationemque coniunge*）*哲学用明白无误的词语来陈述问题。而神学则会要求它所说的话能够为大家所接受。

在最终协调这两门学科之前，经院哲学家们的一个目标，就是把哲学所提出的全部问题的全部回答，都加以协调和整合。波爱修斯的雄心还谈不上这样高远，却足够大胆。他计划首先翻译柏拉图和亚里士多德的著作，然后再调和二者；去探索所有其他的体系，甚至包括那些最近的和最时尚的体系，最终又回归到这两位大师，他要指明，柏拉图和亚里士多德都拥有真理，两人具有实质上的一致。所以，圣托马斯·阿奎那，如果说他还做不到把柏拉图的学说与亚里士多德的学说协调起来的话，那他起码希望用其中的一位去修正另一位，希望发现二位都公认的真理是什么，揭示这样的真理是跟基督教教义相一致的。我们有理由猜想，如果波爱修斯还活着的话，他也会做这样的尝试。倘若活到今天，他也许会感到，相对于当代的哲学思潮，他更倾向于异教徒中的那些精英。

然而，再进一步看，波爱修斯属于经院哲学家之列。他不仅使许多宝贵的哲学观念得以传播，且作为沟通渠道使亚里士多德的各类著作渗入各个经院学派，并且，他还传授给它们探讨信仰问题的某种亚里士多德式的方法。他还为各门科学的划分提供

---

　　* 这是《神学论文集》中的第二篇论文即"致约翰助祭司　谈圣父、圣子和圣灵是否在实质上都可以指称上帝"的结束语。——译注

了材料,而这样的划分,实质上必然陪伴着任何一次的哲学运动,是中世纪十分重视的重要事情。① 由他所提出的统一划分为自然科学、数学和神学这三者的方法,一直到 13 世纪,还可以在许多学者的著作中寻找得到,而最后,圣托马斯·阿奎那在他的对《论三位一体》一书的注释中,对此做了辩护。

xiv 　本书中的《哲学的慰藉》是在 17 世纪翻译的,这里仅仅为了语句通顺和符合现代学术的需要而做了一些文字上的改善。不过,实际上修改得并不多,因为这个译本译得很精确。那个时代的一个译本能做到这一点,是很难能可贵的。在某个伊丽莎白女王时代的人那里,我们可以看到精美的英语和诗句;然而,我们却很难找到像这里所表现出的那种对原文的忠实。

至于该译本署名为"I. T."的译者,我们一无所知。他也许是那位 1568 年出生于伦敦并在 1586 年获得基督教教会的学士学位的佛兰芒人约翰·托利(John Thorie)。托利"精通某些语言,是他那个时代的著名诗人"(Wood,*Athenae Oxon*. ed. Bliss,i. 624),但是,我们已知他所做的翻译工作,显然全都是从西班牙文译出的。②

我们的这位翻译家将他所翻译的《哲学的慰藉(五卷本)》献给多塞特伯爵托马斯·撒克维尔的遗孀,她参与创作了剧本《国

---

① 参见 L. 鲍尔的《论划分》(*de divisione*),明斯特 1905 年版。

② 多尔森(G. Bayley Dolson)先生较有把握地认为,"I. T."是约翰·托普(John Thorpe,活跃于 1570—1610),他是多塞特伯爵(Earl of Dorset)托马斯·撒克维尔(Thomas Sackville)手下的一名建筑师。参见《美国哲学杂志》,第 xlii 卷(1921),第 266 页。

王和大臣们》(*A Mirror for Magistrates and Gorboduc*),并且,我们从"I. T."所写的序言中得知,她当时还在构思一部类似的著作。"I. T."并没有过分奉承他的这位女保护人,他直率地告诉她,她理解不了这本书的哲学,尽管书中的神学部分和实践部分可能在她的理解范围之内。

据我们所知,《神学论文集》在此前还从未翻译过。在阅读和翻译《神学论文集》时,我们得益于两篇中世纪所做的注释:一篇是由苏格兰人约翰(John the Scot)所作的(见于 E. K. 兰德所编的《考证与研究》(*Quellen und Untersuchungen*),慕尼黑 1906 年版,卷 I,第 2 部分),另一篇是由吉尔贝·德拉·波雷(Gilbert de la Porree)所作的(载于米涅的《拉丁教父著作集》,lxiv)。在学术与哲学的许多要点上,我们还应该要对伊曼纽尔学院(Emmanuel xv College)的 E. J. 托马斯先生表示感谢。

最后,还要感谢多尔森先生(Dolson),感谢他在本文脚注方面所给予的建议;另外,也要感谢康奈尔大学的莱恩·库珀教授,他提出了多处重要的改正意见,使本书得以顺利出版。

H. F. 斯图尔特

E. K. 兰德

1926 年 10 月

参 考 书 目

重要参考书：

Collected Works（except *De fide catholica*）. Joh. et Greg. De Gregoriis. Venice,1491-1492.

De consolatione philosophiae. Coburger，Nürnberg,1473.

De fide catholica. Ed. Ren. Vallinus. Leyden,1656.

最近评注：

De consolatione philosophiae and Theological Tractates. R. Peiper. Teubner, 1871.

Philosophiae Consolatio. *L. Bieler*. 1957.

Corpus Christianorum，*Ser. Lat. XCIV*. 1. *Turnhout*.

译本：

De consolatione philosophiae.

Alfrd the Great. Ed. W. J. Sedgefield. Oxford,1899 and 1900.

Chaucer. Ed. W. W. Skeat in Chaucer's Complete Works. Vol. ii. Oxford, 1894.

H. R. James. *The Consolation of Philosophy of Boethius*. London 1897; reprinted 1906.

Judicis de Mirandol. *La Consolation philosophique de Boëce*. Paris,1861.

Opusculi Teologici. Ed. and trans. （ed. 2） E. Rapisarda. 1960; philosophiae Consolatio. Ed. and trans. E. Rapisarda. 1961. Catania.

解说性著作：

A. Engelbrecht. *Die Consolatio Phil. Der B*. Sitzungsberichte der Kön. Akad. Vienna,1902.

Bardenhewer. *Patrologie* (Boethius und Cassiodor, pp. 584 *sqq.*). Freiburg im Breslau,1894.

Hauréau. *Hist. De la philosophie scolastique*. Vol. i. Paris,1872.　　　xvi

Hildebrand. *Boethius und seine Stellung zum Christentum*. Regensburg, 1885.

Hodgkin. *Italy and her Invaders*. Vols. iii. and iv. Oxford,1885.

Ch. Jourdain. (1)*De l'origine des traditions sur le christianisme de Boëce*; (2)*Des commentaires inédits sur La Consolation de la philosophie*. (Excursions Historiques et philosophiques à travers le moyen âge.) Paris,1883.

Fritz Klingner. *De Boethii consolatione*, Philol. Unters. xxvii. Berlin, 1921.

F. D. Maurice. *Moral and Metaphysical Philosophy*. Vol. i. London,1872.

F. Nitzsch. *Das System des B*. Berlin,1860.

E. K. Rand. *Der dem B. zugeschriebene Traktat de fide catholica* (Jahrbuch für kl. Phil,xxvi.). 1901.

Semeria. *Il Christianesimo di Sev. Boezio rivendicato*. Rome,1900.

M. Schanz. *Gesch. Der röm. Litteratur*. Teil iv. Boethius. Berlin, 1921.

H. F. Stewart. *Boethius ;an Essay*. Edinburgh,1891.

Usener. *Anecdoton Holderi*. Leipsic,1877.

神学论文集

论三位一体是一个上帝而非三个上帝

备受尊敬的荣任前执政官波爱修斯大人著

谨以本文敬献给岳父

备受尊敬的荣任前执政官叙马库斯大人

对于这个问题，凭着上帝赐给我的智慧，我很久就一直在殚精竭虑地认真思考。现在，既然我已经理清了思路，能够付诸文字了，故我斗胆将其提交给您，等待您的评判，我万分重视您的意见，丝毫不亚于看重自己的研究结果。倘然您考虑到这个题目有多么艰难，而我又只跟极少数人——甚至可以说只有跟您一个人——在讨论这个题目，那么，您当然就会理解，每当我试图把所思所想形诸笔端，我自己会有怎样的感觉。说实在的，促使我提笔写作的，根本不是我希望以此来沽名钓誉或哗众取宠；倘若说这里面有什么外在的回报的话，那么，任何再好的褒扬，也比不过这个题目本身带给我们的温暖。因为除您之外，我触目所及的，无非是愚蠢者的麻木或精明者的嫉妒，而一旦要把我的思想摊在这样一群乌合之众面前，我想他们不会认真思考，反只会恶意践踏，看来我这样做就有辱于对神性的研究了。为此，我有意力求做到言简意赅，把我从深邃的哲学探究中抽取出来的思想，用新奇的言辞包装起来,而这些言辞,如果您肯屈尊赐读的话,是专为您和我写下的。至于除您我之外的其他人,我根本不屑一顾:他们既然无法理解,因而也就不配去读了。当然,我们也不应该硬要我们的探究超出人的智慧和理性所容许达到的高度之上,不应该妄图去攀登上那属天的知识①。在全部人文学科中,我们同样都发现存在理性所无法超越的极限。例如,医学并不总是能够治愈病人,尽管医生已经尽了力而无可责备。其他学科也是如此。在目前的情况下,艰难的探索需要宽厚的评判。然而,您还是查看一下,看看圣奥古斯丁著作②在我的心灵中播下的种子,是否已经开花结果了。现在就让我们开始我们的探究吧。

I.

许多人都是虔诚地信奉基督教的;然而,令人信服且唯一令人信服的信仰形式,就是被称为“公教”(catholica, universalis)*的信仰,公教的各条教规以及为它树立威信的各部教义,无不具有普世性质,而且,使这些教规和教义得以表明的礼拜仪式,现在已经遍及整个世界。罗马天主教有关三位一体的信条,如下

6-7

---

① 参见《哲学的慰藉》第五卷,第 IV 节和第 V 节对属人的理性和属神的智慧的讨论。

② 例如圣奥古斯丁的《论三位一体》。

* 约公元 2 世纪之后,基督教分成东派(以希腊语地区为主)和西派(以拉丁语地区为主)。公元 1054 年,东西两派正式分裂,东派教会以君士坦丁堡为中心,自称“正教”,而西派以罗马为中心,自称“公教”。这里的“公”,原含有“普世”的意思。明朝末年耶稣会士将罗马公教传入中国时,译为“天主教”。——译注

所述：圣父是上帝，圣子是上帝，圣灵是上帝。所以，圣父、圣子和圣灵，是同一个上帝，而不是三个上帝。这样的三位一体，其原则就在于没有任何差异①，而那些对三位一体妄加增删的人，就不可避免地要导致产生出差异来，例如，阿里乌派*的人，将这三位一体中的三位，按各自的品位加以划分，从而使其割裂开来，成为复数的三位一体。因为，复数的实质，就是"另外还有"；离开了这"另外还有"，那复数就变得无法理解了。事实上，三个或更多个事物相互之间的差异，就存在于类属、种属或数量之中。有多少个同属，就可以用多少个差异来表明。这同属，可以用三种方式来表明：可以用类属来表明，例如，一个人和一匹马，因为属于共同的类属，即生物。也可以用种属来表明，例如，加图和西塞罗，因为属于共同的种属，即人。还可以用数量来表明，例如，图流斯和西塞罗，因为二者在数量上都是单数。相类似的，差异也可以用类属、种属和数量来表明。数量上的差异，是由偶性的变异而产生的；三个人，即使他们按类属和种属没有什么不同，但按他们的偶性却各不相同，因为，哪怕我们心里把他们身上所有其他的偶性都去除掉了②，但他们每人还是占有着各不相同的场所，既然两个身体不能占有同一个场所，而这场所

---

　　① 这里，"差异"、"数量"和"种属"都是有专门含意的，就如同作者在《波菲利著作译注序》中期望做到的那样。可参见该书，S. Brandt 编，维也纳 1906 年出版，其中的"差异"词条等。

　　* 阿里乌（Arius），约公元 250—336 年，曾任亚历山大里亚教区的神甫。他以及他的追随者反对三位一体的教义，认为圣父最高，圣子次之，而圣灵最低。公元 325 年在尼西亚公会议上被定为异端而遭到放逐。——译注

　　② 这种精神抽象的方法，尤其被精心应用于《论三位一体》(III) 以及《哲学的慰藉》第五卷的第 IV 节之中，在那里，有关属神的预知的观念没被抽象成为想象力。

就是一个偶性,故而不可能认为各人所占有的都是同一个场所。因此,人之所以是复数的,乃是因为他们所具有的偶性是复数的。

II.

现在,我们就开始仔细地去考察各个问题,尽量掌握和理解这些问题,因为我认为有一句话①讲得很明智:学者的职责,就在于把他自己对任何事物的信仰,都按照其真实本性去加以表述。

思辨科学可以分成三大类②:自然学、数学和神学。自然学所研究的是运动,它不是抽象的或可独立的(也即 ανυπεξαιρετος),因为它所关心的是物体的形态及其组成的物质成分,而在现实世界中,物体的形态是不能够跟物体分割开来的③。物体处于运动之中,例如,泥土向下运动,火焰向上运动,而形态也跟它所从属的特定物体一起运动。

数学并不研究运动,但也不是抽象的,因为,虽然数学脱离开了物质,即脱离开了运动去研究物体的形态,然而,跟物质关联在一起的那些形态,是不可能真正独立于物体的。

神学也不研究运动,但却是抽象的和可独立的,因为,上帝不

---

① 西塞罗语,见 *Tusc*. V. 7. 19。

② 参见 Brandt 编《波菲利引论》(第 7 页起)中对哲学的类似划分。

③ 实际上它们在思想上是可以分开的。

靠什么物质和运动而存在着。所以,在自然学中,我们运用的是一些推理式的概念;在数学中,我们运用的是一些有理论依据的概念;而在神学中,我们运用的才是智慧的概念。在神学中,我们不会让自己去玩弄什么凭空的想象,我们唯独认可的形态,是纯粹的形态,而根本不是什么幻象,是存在本身,是存在之根源。因为任何事物,其存在都表现为某个形态。如此说来,一座铜像之所以成为铜像,并不在于它是由铜做成的,而是由于其形态相似于作为其摹本的那个活体;而铜之所以成为铜,也并非由于生成它的泥土物质,而是由于它的形态。同样,泥土之所以成为泥土,也并非靠什么单纯的物质,①而是由于具有一定的干燥度和重量,而这些就是形态了。因此,任何事物之所以存在,并不是由于它具有物质,而是由于它具有某种特定的形态。然而,上帝却是没有物质的形态,因而是太一,是自成的本质。可是,其他任何事物,都谈不上是什么自成的本质,因为,任何一个事物,其存在都来源于组成它的那些事物,也就是说,来源于它的各个部分。任何一个事物,都可以说是"这个"和"那个",也就是说,它是它的各个组成部分联合而成的总体;如果割裂开来,它就既不是"这个",也不是"那个"了。例如,在地上生活的人,由于他是由灵魂和肉体一起组成的,因而就是灵魂和肉体,如果割裂开来,就既不是灵魂,也不是肉体了,因此,他并不是什么自成的本质。另一方面,如果并不是由"这个"和"那个"组成的话,那么,"那个"也就是"这

10-11

---

①　Αποιος ΰλη = 亚里士多德的 τò ἅμορφου, τò αειδές. 参见 οΰτε γὰρ ΰλη τò ειδος (ἡ μὲυ αποιος, τò δε ποιοτη ς τις) ουτε εξ υλης(Alexander Aphrod,《论灵魂》,17.17); ει δε τουτο, αποιος δὲ ἡ ΰλη,αποιου αυ εἴη σῶμα(同上,《论灵魂》,124.7)。

个"了,就成了真正自成的本质,那才是美好而又牢固的本质,因为它并不以任何事物作为它的基础。如此的话,那就是真正的"太一",里面没有什么数量,除了它自己的本质之外,什么也没有。同样,它也不可能成为任何事物的基质,因为,它是纯粹的形态,而纯粹的形态是不可能成为基质的①。因为,如果人性也像其他形态一样是某些偶性的基质的话,那么,它不是由于它的存在而获得偶性,而是由于有物质受它支配才获得偶性。人性确实似乎是在占有那实际上处在人性这个观念之下的物质所具有的偶性。但是,无物质的形态,是不可能成为基质的,也不可能具有物质性的本质,否则,它就不成其为形态,而成为某个影像了。因为,由那些存在于物质之外的形态之中,可以导致产生自物质的形态且产生出形体来。当我们将那些居于形体内的实体称为形态时,我们是叫错了名称;它们只不过是一些影像,只不过类似于那些不处在物质之内的形态而已。因此,在上帝那里,不存在什么差异,也不存在因差异而产生的复数,不存在起源于偶性的多样性,因而,也就不存在数量了。

12-13

---

① 这是指实在论。在 Brandt 编的《波菲利引论》(第 26 页起)有这样的话:"Sed si rerum ueritatem atque integrilation perpendas,non est dubium quin uere sint. Nam cum res omnes quae uere sunt. Sine his quinque (i. e. genus species differentia propria accidentia) esse non possint, has ipsas quinque res uere intellectas esse non dubites."这两段话表明,尽管波爱修斯在对该书的评注中把握住了柏拉图与亚里士多德二者之间的尺度,但他还是明确地站在实在论的立场上面。"quorum diiudicare sententias aptum esse non dixi"(参见 Hanréau 的《经院哲学史》,i. 120)。实际上,在对波菲利一书的注释中,他只是暂且把这个问题搁置了下来,然后在《论三位一体》中正式把这个问题提了出来。在中世纪,波爱修斯因为他的这种小心谨慎而遭到嘲笑。

III.

可见，上帝跟上帝毫无不同，因为，不可能由于偶性的不同或者由于从属于某个基质的实质差异而产生出多个属神的本质来。但是，凡是没有任何差异的地方，也就谈不上存在复数，因而也不存在数量了，因此，在这里，唯独就只有合而为一了。因为，尽管我们在称呼圣父、圣子和圣灵时三次呼唤了上帝，可是，只要我们想到的是我们所计数的对象而不是我们用以计数的手段，那么，这三位同一体就不会因各自本质而产生出什么复数来。因为如果说的是抽象的数量，那么，单独的事项经重复后就产生出复数来；而如果说的是具体的数量，那么，单独的事项，即使经重复和按复数来使用，也绝不会在被计数的对象之中产生数量上的差异。事实上存在两类数量。既存在我们用来计数的数量（抽象数量），也存在被计数的事物中所固有的数量（具体数量）。"一"是指一件事物，一件被计数的事物。而同一表示的是单一的性质。₁₄₋₁₅同样，"二"属于像人或石头这类事物；可是，二元性就不同了，二元性仅仅是指以表示两个人或两块石头的那个东西，如此等等。因此，如果说的是抽象的事物，那么，重复某一个同一体①，就会产生复数，但如果说的是具体的事物，例如，如果我说同一个事物："一把利剑，一把刃剑，一把锋剑"②（gladius unus, mucro unus,

---

① 即如果我说"一，一，一"，我说的是三个同一体。

② 在《亚里士多德评注》中，同样的一些词常常用来说同一个事物。见第二版，梅瑟编，56.12。

ensis unus),那就不是这样了。显而易见,这些名称都在描述一把剑;我不是在对这些同一体作计数,而只是在重复这同一个事物,我在说"利剑,刃剑,锋剑"时,我是在重复着同一个事物,而不是在枚举几个不同的事物,类似于我在呼唤"太阳,太阳,太阳"时我只是重复三次提及同一个事物,绝不会产生出三个太阳。

　　所以,即便上帝有圣父、圣子和圣灵这种三重称谓,但不会导致产生出复数。如前所说,只有那些按品位来区分他们的人,才会产生这样的误解。但是,天主教不容许认为在上帝里面存在有品位方面的差异,而是确认**上帝**是**纯形态**,坚信**上帝**纯粹就只是**他**自己的本质,因而,天主教作出了如下的正确的声明:"圣父是上帝,圣子是上帝,圣灵是上帝,这三位一体是同一个上帝。"这里,不是枚举几个不同的事物,而是重复着同一个事物,就好比说"刃剑和锋剑也就是同一把利剑"或"太阳、太阳和太阳也就是同一个太阳"一样。

　　但愿这样说足以表达清楚了我的意思,足以指明,并非单元的每一次重复,都会产生数和复数。不过,我们在说"圣父、圣子和圣灵"时,并不是在使用同义词。"刃剑和锋剑"是完全等同的事物,但"圣父、圣子和圣灵",尽管是同一的,却不完全等同。这16-17一点,是需要思索一下的。人们问"圣父就是圣子吗?"天主教回答说:"不是。""这一位就等于那一位吗?"回答也是否定的。所以说,他们之间并不是完全没有差别的;而这似乎就会引起数的问题,因为按我们的解释,数量是基质差异所产生的结果。为此,让我们看看究竟什么样的称谓可以称呼上帝,据此对这一问题进行讨论。

IV.

　　总共有十个范畴一般可以供我们指称事物,即:实质,品质,量值,关系,地点,时间,条件,状态,活动,受动。* 它们的意义,取决于主体即时所处的场合,因为其中的某一些意义是在说明另外一些事物时描述其实质的,而另一些意义就属于偶性一类了。但是,如果把这些范畴用于上帝,它们的意义就完全改变了。例如,关系,那就根本不可能去说明上帝,因为上帝的实质,其实不真的是实质的,而是超实质的。至于品质以及另外一些可能的属性,为了清楚起见,我们还应该再增加一些例子来加以说明。

　　我们说到上帝时,似乎是在描述某个实质;可是,上帝是个超实质的实质。我们说"上帝是正义"时,我们说的是一种品质,不是一种偶有的品质,而是一种实质性的、事实上是超实质性的品 18-19

---

　　* 十个范畴的说法,显然来源于亚里士多德的《范畴篇》。苗力田主编的《古希腊哲学》(中国人民大学出版社,1989年,第400页)将这十个范畴对应地分别译为:实体,性质,数量,关系,何地,何时,所处,所有,动作,承受。根据波爱修斯对这十个范畴的理解,尤其是在以此阐述上帝与人的差别时,他对每个范畴的内涵和外延有他独特而深入的理解。故而译者在译名上做了调整。这里面,出入较大的是"实质"和"量值"这两个范畴。"实质",在希腊文中为ουσιαι,拉丁文为substantia。实际上,亚里士多德的ουσιαι的含义,就是"是什么"和"是其所是",因而,译为"实质"更为贴近原意。而且,波爱修斯在应用这个范畴时,特别强调"质"而否定"体"。这方面,还可参考中国人民大学出版社2002年出版的《西方哲学史》第127页的注释1。"量值",希腊文为ποσον,拉丁文为quantitas,一般都译为"数量",但波爱修斯在应用这个范畴时,尤其是运用于上帝时,更强调一些不可数的"量",如"至尊"等等。故而将其译为"量值"。——译注

质。① 因为，说他存在，跟说他正义，并无不同；说他正义跟说他是上帝，是一回事。同样，我们说"他是伟大的或至尊的"，我们似乎在谈论量值，但是，这样的量值与我们上述的超实质的实质是类似的，因为说他至尊跟说他是上帝，完全是一回事。还有，说到他的形态，我们已经指出，他就是形态，是没有复数的真正的"一"。我们提到的这些范畴，对于以之描述的事物，提供了它们所表示的特性：对被造物，它们表示的是有所区分的存在；而对上帝，它们以如下方式表示的是合而为一的存在。当我们称呼某个实质的时候，例如称呼人或上帝，我们会认为这样的称谓所由以构成的东西就是实质本身，会认为人或上帝就是实质。但其中有一个差别：某一个人不等于全部的"人"，由此，他并不是实质，因为，他还要把"人"所是的归因于另外一些并非"人"的事物。可是，上帝就是全部的上帝，因为除了他所是的以外，他不再是别的什么了，因而，上帝就是上帝，彻头彻尾的单纯的存在。还有，我们来说说正义，那是一种品质，通常是用来说明某个事物的属性的；如果我们说"一个正义的人或者正义的上帝"，那么我们是在断定那人或者上帝是正义的。可是，这里面是有差别的，因为人是一回事，而一个正义的人又是另一回事。但上帝就是正义本身。同样，说一个人或者上帝是至尊的，似乎在说那人实质上是至尊的，也在说上帝实质上是至尊的。然而，人仅仅只是具有至尊的品质而已，

---

① Gilbert de la Porrée 在他对《论三位一体》的注释中，把波爱修斯的意思说得更清楚一些。"Quod igitur in ille substantiam nominamus, non est subiectionis ratione quod dicitur, sed ultra omnem quae accidentibus est subiecta substantiam est essentia, absque omnibus quae posant accidere solitaria omnino"（米涅，*P. L.* lxiv, 1283）。参见奥古斯丁的《论三位一体》，vii. 10。

而上帝却等同于至尊。

其余的那些范畴不能归属于上帝，也不能归属于被造物。[①] 因为，如果将地点归属于人或上帝——说某个人在某个集市中，说上帝无处不在——，那么，这样的谓项绝不等同于它所陈述的对象。说"某人在集市中"，完全不同于说"他是白皙或者修长的"，或者，可以这样说，那完全不同于他所拥有的和特定的那样一些品性，据此可以按照他的实质来描述他；而对地点的陈述，仅仅表明处于别的事物之中的他的实质如何是既定的。

至于说到上帝，那当然就不一样了。"他无处不在"并不是指他存在于任何一个地点，因为他根本就不可能存在于任何地点，但是，任何一个地点都呈现在他面前，在他掌握之下，尽管他自己并不可能为任何一个地点所接受，从而不可能存在于某一个地点，因为他既无处不在，又不在任何一个地点。至于时间这个范畴，情况也是如此，可以这样说："某个人昨天来过，但上帝则是永恒存在的。"在此，"昨天来过"这样的谓项，并没有描述出某种实质性的事情，而只是描述出了某种凭借时间而发生的事情。然而，"上帝永恒存在"这样的表述，却描述出了某种独一无二的"亲临存在"，总括了他在全部的过去、全部的现在——倘若还可以如此运用这个术语的话——以及全部的未来中连续不断的亲临存在。按哲学家们的说法，"永恒"二字可以用来指称天体以及其他永不消亡的形体的寿命。然而，如果将其应用到上帝身上，那它就具有了某种不同的意义。他是永恒存在的，因为，在他那里，

---

① 即根据其实质。

"永恒"意味着时间上的亲临存在。我们的亲临存在就是"现在"，而上帝的亲临存在含义大不相同。我们的亲临存在，意味着不断改变着的那个始终不断的时间流程；而上帝的亲临存在，却是亘古不变而丝毫未动的，它意味着永恒。若把这"始终"（semper）加到那"永恒"（eternity）上，你就使得我们的亲临存在时间也成为持久不断也即永恒的进程了。①

　　至于条件和活动这两个范畴，情形也是如此。例如，我们说"某个穿着衣服的人在奔跑着"，说"执掌万物的上帝在统治着"。这里对任何一个主项都没有作出什么实质性的断定；事实上，我们此前所提到的所有的范畴，都源于某种外于实质的东西，可以说，它们全都跟某种非实质的东西相关联。而这些范畴相互之间的差异，则可以很容易地从一个例子中看出来。例如，"人"与"上帝"这两个名词，它们跟实质发生关联，乃是凭借主项所是的——人或上帝。而"正义"这个名词，它跟品质发生关联，所凭借的是主项所是的某个东西，这里指的是正义；"至尊"这个名词，它跟量值发生关联，所凭借的是上帝所是的某个东西，这里指的是至尊。除了实质、品质和量值之外，其他范畴与主项的实质都没有什么

---

①　这个说法是奥古斯丁提出的，参见《上帝之城》，xi. 6，xii. 16。然而，波爱修斯使用 sempiternitas［永恒性，特指持续经久不变］一词时有其独特的含义。Claudianus Mamertus 在谈说如何将那些范畴用于上帝时，对 sempiternitas 的用法一如波爱修斯对 aeternitas（永恒性，特指自远古迄今）的用法。参见《论灵魂状态》，i. 19。而阿普列尤斯则交替使用这两个术语。例如，见《金驴记》（*Asclep*. 29-31）。至于波爱修斯对时间与永恒性这二者的区分，参见《哲学的慰藉》，第五卷. 第 VI 节，以及 Rand 的《据认为是波爱修斯所著的有关天主教信仰的那篇论文》（Der dem Boethius zugeschr. Trakt. de fide），第 425 页起，以及 Brandt 的《神学》，莱比锡 1902 年版，第 147 页。

关联。如果我说某人"在市场里"或者说"上帝在任何地方",那我就是在运用地点这个范畴,但它不同于出于正义(justice)的"正义"(just)这样的实质性范畴。同样,如果我说"那个人在奔跑着,上帝在统治着,那个人现在存在着,上帝永恒存在着",那我就是在跟活动或时间发生关联——倘若上帝的"永恒"确实可以被说成是时间的话——,但那不是在跟"至尊"那样的实质性范畴发生关联。

最后,我们不应该在上帝那儿寻找状态和受动这两个范畴,因为,它们根本就不可能在上帝那里找得到。

现在我是否澄清各个范畴之间的差别? 其中有一些范畴描述的是某个事物的本真性质;而另一些范畴所描述的则是其偶然的状况;前者说明某个事物是什么样的事物;而后者对于该事物的存在一点也没有说明,只是简单地把某种外在的东西去附加到它上面。凡是凭借事物的实质对该事物加以描述的那些范畴,都可以称为实质性范畴;而如果将它们应用于作为主项的事物,那它们就称为偶性了。至于说到上帝,由于上帝根本就不是某一个主项,因而,唯一可能的就是使用实质这一个范畴。

24-25

V.

现在,让我们来看看"关系"这个范畴,上述对"关系"的所有说明是初步的,因为那些显然由于另一个名称的联想而产生的品质,看来并没有作出关于某个主项的实质的任何断言。例如,主人和仆人①是两个互相关联的名称；让我们来看看这两个名称是不是涉及实质之谓项。如果你将仆人这个名称去掉了，②那你同时就将主人的名称也去掉了。而另一方面，虽然你将"白"这个名称去掉了，但你并没有把某些白色的东西也去掉；③当然，如果物体以特定的白作为其固有的一种偶性，那么，一旦你去掉了白这样偶性的品质，这种物体也就消失了。但是，说到主人，如果你去掉仆人这个名称，主人这个名称也消失了。诚然，仆人并不像一个白色的事物的"白"那样是主人的某个偶性的品质，它说明主人对仆人所拥有的权力。可见，既然只要仆人被去掉了，则这样的权力也就消失了，很显然，权力并不是从属于主人的实质的一种偶性，而是由于占有了仆人才得以形成的一种外加的增扩。

26-27 　　因此，不能够认为，"关系"这个范畴对它所涉及的事物的实质会增减或改变。所以，"关系"这个范畴跟主项的本质是毫不相关的；它只不过描述了一种互相发生关联的状况，而这并不一定是跟某个另外的事物发生关联，有时也可能是跟主项本身发生关联。例如，假定有一个人站在那里。如果我从右边走到他那里站在他一旁，那么，就他对我的关系而言，他就是在左边，这并不是因为他本身就在左边，而是因为我站到了他的右边。同样，如果我从左边走到他那里去，那么，就他对我的关系而言，他就是在右边，这不是因为他本身就在右边，就像他是白种人或者他是高个

---

① 在 *Cat*（米涅，*P. L.* lxiv, 217）中，也类似用"主人"和"仆人"来作比喻。

② 即，这是外于主人的。

③ 即，这是外于那个被白化了的事物的。

子,他在右边,那是由于我的走近而造成的。他究竟在右边还是在左边,那完全取决于我,跟决定他的存在的本质丝毫没有关系。

由此可见,凡是没有说明一个事物的本性的那些谓项,不可能有任何变异、更改或干扰。因此,如果说圣父和圣子是"关系"一类的谓项,正像我们前面说过的那样,它们除了"关系"上的差别之外没有别的什么差别,如果"关系"虽然像主项本身及其实质性,但不能断言关乎主项,那么,它就不会使其主项产生真正的差别,而仅仅产生措辞上的差别,而我们正想用这样的措辞来解释我们原本很难理解的人的差别。因为,区分无形事物的是一些差别,而不是空间的分割,此乃绝对真理的一条准则。不能够说,圣父之所以成为圣父,是因为把某种偶性添加到上帝的实质上的缘故;既然生养圣子属于上帝原本的实质,因此,他从来不是在某个时候开始成为圣父;然而,父这样的一个谓项,本身是关系性的谓项。如果我们牢记此前讨论中有关上帝的所有命题,那么,我们会承认,圣子出自于圣父,而圣灵出自于圣父和圣子,他们三位不可能有在空间上不同,因为他们都是无形的。可是,既然圣父就是上帝,圣子就是上帝,圣灵也就是上帝,并且,既然上帝没有任何差异点使得其中任何一位不同于上帝,因此,三位之间也就毫无差别了。然而,没有差别,也就没有复数可言了;而没有复数就是合而为一。而且,也只有上帝才能够为上帝所生养,归根到底,在具体计数时,将单一者重复列举,不会产生复数。如此一来,三位一体就得以恰当地确立起来。

28-29

VI.

然而，既然不可能就某个主项建立关联，既然关于某个实质所下的断言是没有关联的断言，因此，三位一体中的"三位"，是由"关系"这个范畴来确保的，而"一体"则是基于这样的事实，即不存在有什么实质或作为方面的差别，或者一般地说，在实质性谓项方面不存在任何差别。可见，"实质"这个范畴维护了"一体"，而"关系"这个范畴导致产生出"三位"。所以，只有那些从属于"关系"的称谓，才可以个别地适用于各个位格。因为圣父并不等同于圣子，而他们中的每一位也不等同于圣灵。然而，圣父、圣子和圣灵是同一个上帝，在正义、善、至尊以及可以用来称谓实质的任何事情上，他们都是同一的。大家不要忘记，说明关系的谓项，并不总是与不同于主项的什么事物有关联，就像仆人与主人有关，两种说法是不同的。因为相等者是相等的，相似者是相似的，同一者是同一的，彼此都是如此，而圣父跟圣子的关系，他们跟圣灵的关系，是同一者的关系。在被造物那里，找不到这类关系，但那是由于短暂的事物无不附有的我们所知道的那种千差万别。说到上帝，我们一定不要胡思乱想；我们一定要让纯知识之天赋鼓舞我们，教我们去了解知识所了解的所有事物。①

30-31

---

① 参见波爱修斯《哲学的慰藉》一书的第五卷的第 IV 节和第 V 节，尤其是第 V 节，其中说道："知识是最优秀的，它原本不仅认识自身对象，而且也认识另有所属的对象。""因此，让我们尽可能地把自己提升到跟至高心灵一般的高度，在那里，理性会见到它在自身见不到的东西。"

　　至此,我已经结束了我所建议的探索。至于我所做的推理是否确切,期待您的评判。您的威望,足以宣判我是否找到了一条通往目的地的捷径。假如上帝扶助我,让我给一篇以信仰为坚实基础的文章提供一些论据的话,我必将满怀喜悦地完成工作来赞美上帝,因为我是受他之邀来做这件事的。可是,倘若人性未能超越自己的局限而达到更高的境界,不管由于我的弱点产生了怎样的差错,都应该鉴于我的良好动机而得到谅解。

谈圣父、圣子和圣灵是否实质上都可以指称上帝

备受尊敬的荣任前执行官波爱修斯大人

致　约翰助祭司

谈圣父、圣子和圣灵是否实质上都可以指称上帝

　　摆在我们面前的问题,是圣父、圣子和圣灵是否实质上都可以指称上帝。我认为,我们研究这个问题的方法,应该借鉴那个大家公认是一切真理最可靠源泉的方法,即天主教信仰的基本教义。那么,如果我问那位被称为圣父的是不是一个实质,回答必定是肯定的。如果我问圣子是不是一个实质,回答也同样是肯定的。同样,没有人会否认圣灵也同样是一个实质。然而,我把圣父、圣子和圣灵这三位放到一起,结果并不是三个实质,而是一个实质。因此,三位共有一个实质,这是不可分离或区分的,这也不是由各个部分组合而成的:这就是一个单一的实质。因此,确定属于神性实质的万物,必定是三位所共有的,我们可以认识什么样的谓项肯定属于神性之实质,而我们肯定的属于神性实质的谓项也可以确定属于这三位一体中的每一位。例如,如果我们说

"圣父是上帝,圣子是上帝,圣灵也是上帝",那么,圣父、圣子和圣灵就都是同一个上帝。而如果他们同一的神性是同一的实质,那么,实质上上帝之名当然可以称谓神性了。

类似地,圣父是真理,圣子是真理,圣灵是真理,圣父、圣子和圣灵并不是三个真理,而是同一个真理。那么,如果他们是同一个实质和同一个真理,真理就必然是一个实质性的谓项了。所以,像善、恒性、正义、全能以及所有我们各别地和统共地应用于三位一体的"三位"的其他谓项,全都是实质性的谓项。由此可见,凡是可以称谓三位中的单独某一位但不能够称谓所有这三位的,就不是什么实质性的谓项,而是另外一类的谓项了。现在我们就来看看这是怎样一类的谓项。因为,作为圣父的他,并不将"父"这个名称传递给圣子和圣灵。因此,他所拥有的这个名称,并不是什么实质性的名称,因为,倘若它像上帝、真理、正义或者实质本身那样是某种实质性的谓项的话,那么,它理应也适用于另外两位。

类似地,圣子也单独接受"子"这个名称;他并不与另外两位共有这个名称,这就不同于上帝、真理和我前面提到的其他一些谓项的情况。同样,圣灵也不同于圣父和圣子。我们由此可以推断,圣父、圣子和圣灵,这样的称谓并非实质性地说明神性,而是与此不同的①。因为,假如这三个名称都是实质性的称谓,那么,我们可以认为这三个位格既各自有别,又是合而为一的。显然,这些名词是关系性的,父,是某一位的父,子,是某一位的子,而

36-37

---

① 即"就位格而言是如此"(personaliter)(在 Ioh. Scottus,那里)。

灵,也是某一位的灵。因此,甚至可以说,就实质而言,[①]还不可以用三位一体去称谓上帝;因为,圣父还谈不上是这"三位一体"——作为圣父的他并非圣子和圣灵——,同样,圣子也并非"三位一体",圣灵也并非"三位一体","三位一体"是由三个位格组成的,但就实质而言,又是合而为一的。

现在,如果说各个位格是有别的,实质却没有区别,那么,这个以各个位格派生而来的名称,势必不属于实质。但是,"三位一体",正由于三个位格而产生的,因此,"三位一体"并不属于实质。由此可见,不管是圣父、圣子、还是圣灵,还是"三位一体",全都不是对上帝的实质性称谓,如同我们所说过的,只是关系性称谓。然而,上帝、真理、正义、善、全能、实质、永恒、德性、智慧,以及其他所有可以想象得到的谓项,才可作为对神性的实质性称谓。

如果我说得对,与信仰相符,那么,我恳请您对我加以肯定。但如果您在任何一点上持有不同的看法,请您仔细审查我所说的话,如果可能,请您来协调信仰和理性。[②]

---

① 即"而不是就位格而言"(sed personaliter)(在 Ioh. Scottus,那里)。
② 见上文《导言》,第 xii 页。

从同一到同一

为什么有些实质未及至善却仍可以称善

您请求我更加明白一些地去说明和解释我在《七章集》①中提出的那个费解的问题，即有些实质虽然未及至善②却仍可以称善的问题。您坚持认为有必要作这样的说明，因为这类论文的方法，并非人人都清楚。我眼见您曾经何等急切地攻击这个主题。但我承认，我喜欢给自己阐述我的《七章集》，与其与除了找乐之外不得任何议论的那些冒失而轻率的人分享这些文章，还不如把我的那些思考埋藏在我的记忆中。因此，请您不要对这样的费解持异议而期待简洁明快，因为费解正好是深奥理论的可靠宝库，其好处就在于它所使用的语言只为那些有资格理解的人去理解。所以，我在展开以下这些论点时，遵循的是数学③及其相关学 科的范例，为此设定相应的界限和规则。

I. 一种说法，一旦形成以后便被普遍接受，那它就是一种共

---

① 类似地，波菲利将普罗提诺的著作分为六个《九章集》。

② 参见《哲学的慰藉》中对善的本性的讨论。第三卷，第 X 节、第 XI 节。

③ 关于这种数学的表述方法，参见《哲学的慰藉》，第三卷，第 X 节（参见第 274 页以下）。（注释所指页码见本书边码，全书同。——编者）

识了。这里面有两类情况。一类情况，那就是普遍得到了理解，例如，"如果从两个相等的数减去两个相等的数，则余下的数仍相等。"任何了解这个命题的人，都不会予以否认。而另一类情况，是只有学者才理解的，但它是从同一类共识中推导出来的，例如，"凡是无形的东西，都不可能占有空间"，如此等等。对学者来说是显而易见的，普通百姓则未必理解。

II. "是"和"是者"①，是不同的。单纯的"是"，有待显现，而只要它接受了是的形式之后，才是一个实体。②

III. "是者"可以被其他某种事物分享；而那绝对的"是"，却不能被任何事物分享。因为，当某个事物已经是时就产生了分享；而当事物接受了是时，一定在它已经获得了"是"之后。

IV. 凡是存在着的事物，都可以拥有自身之外的某个事物。可是，那绝对的"是"，则不掺杂有任何自身之外的东西。

V. "仅仅是什么"和"绝对是什么"，是不同的。前者包含有偶性在内，而后者表示一种实体。

42-43　　VI. 任何是某事物的事物，由于它存在着，因而它也就参与到绝对的"是"③中去。而为了成为某个事物，它就参与到某个另外的事物之中去。由此可见，凡是存在着的东西，都由于其存在而参与到那绝对的"是"中去，然而，它之得以存在，却是由于参与到某个另外的事物之中去。

VII. 任何一个单一的事物，都既拥有它自己具体的"是"，而又拥有它绝对的"是"。

VIII. 在一切复合的事物中，绝对的"是"与个别的"是"，并非

---

① Esse＝亚里士多德的 τὸ τί ἐστι; id quod est＝τόδε τί.

② consistere＝ὑποστῆναι.

③ Id quod est esse＝τὸ τί ἦνε ἶναι.

同一的。

IX. 相同则相吸，而相异则相斥。凡是有求于自身之外某个事物的事物，理所当然地具有与它所追求的那个事物相同的性质。

通过上述各点，我们已经足以达到我们的目的了。下面在讨论问题时适当地进行一些推理性的解释，就可以对上面各点提供合适的论据。

现在来看看问题究竟何在。事物所是的，是善的。因为，一切有学识的人都一致同意，任何存在着的事物全都趋向善，而且任何事物都趋向于其同类。因此，凡是向善的事物，都是善的。然而，我们应该去研究一下，它们是如何成为善的——靠分享还是靠实质。如果靠的是分享，那它们并非本身就是善的，因为，一个依靠分享"白"而成为白的事物，那它本身并非凭着绝对的"是"而成为白的。其他的一些性质也是如此。所以说，如果它们是依靠分享才得以称善的，那它们本身并非善的，因此，它们并不是向善的。不过，我们前面已经同意说它们是向善的。如此的话，那它们之称善，靠的就不是分享，而是实质。但是，那些事物，如果其实质是善的话，那它们就是实质性的称善了。然而，它们理应 44-45 将它们当前的"是"归于绝对的"是"。它们绝对的"是"，是善的，因此，一切事物的绝对的"是"，都是善的。然而，如果它们的"是"是善的，那么，存在着的事物，就因为其存在着，都是善的，并且，其绝对的"是"等同于"善"之绝对的"是"。因此，既然它们并非仅仅分享善，因而，它们就是实质性的善。可是，如果它们的绝对的"是"是善的，那么，毫无疑问，既然它们就是实质性的善，那它们也就类同于那"原初之善",从而,它们也就必定会成为那个"善"。因为除了这"善"自身之外,没有任何事物会类同于这"善"。所以说,一切有所是的事物,它们全都是上帝——然而这是一个不敬的说法。因此,那些事物,它们并不是什么实质性的善,"善"之本质并没有寓于事物之中。可见,并非事物存在着就可以称善。可是,它们也并没有依靠分享而接受到善,因为它们绝不是向善的。由此可见,它们决不会是善的。[①]

　　这个问题,可以得到如下的解决。[②] 有许多事物,尽管它们事实上是不可分割的,但可以由一个意念过程将其分割开来。例如,没有任何人能够真正将一个三角形或者别的数学图形从其所在的物质中分割出来;但是,在意念之中,人们却可以想象一个三角形及其属性脱离开其所在的物质。为此,尽管历来不管是有学问的还是没有学问的人都公认存在有"本原之善",其存在可以一直追溯到未开化部族的宗教信仰,但我们还是可以暂时把它从我们的意念之中去除掉。在这"本原之善"暂时被撇开之后,让我们假设已在的万物都得以称善,然后,让我们设想假设它们并非来源于"本原之善",那它们又如何可能得以称善。这一过程使我察觉到它们的善性跟它们的存在是两件不同的事情。因为我可以假定有这么一个同一的事物,它的实质是善的,是白的,是有重量的,又是圆形的。那么,必须承认,它的实质、圆形、颜色和善,这些,全都是不同的性质。因为,倘若这些性质中的每一个都等同

46-47

---

　　① 　参见本书 98 页以下第五篇论文及《哲学的慰藉》第五卷第 III 节(参见第 374 页以下)中的归谬法。

　　② 　参见本书 98 页以下第五篇论文及《哲学的慰藉》第五卷第 III 节,第 6 页,n. 6。

于它的实质,那么,重量就会成为跟颜色或者善相同的性质了,而善就会成为跟颜色相同的性质了。但这是违背本性的。如此看来,在这样的情况下,它们的"是"是一回事,而它们的性质又是另外一回事,它们也许确实是善的,但就善而言,它们不会具有它们那绝对的"是"。所以,如果它们确实存在着,那它们必定既不是来源于善而又并非称善,它们也必定并非等同于善;反之,对它们而言,"是"和"善",那是两件不同的事情。但是,倘若它们除了是善的实质之外就一无所是了,倘若它们既非有重量,又非有颜色,也并不拥有什么尺寸大小和什么性质,那么,除了这善之外,它们(或者,说得确切一些,是它)似乎就根本不是什么事物,而只是事物之原理。因为只有一样东西,它本性就是善,而除此就不具有任何其他性质。可是,既然那一些事物并不是这样单纯的,因而,除非是那个独一无二的"善"希望它们也得以称善,否则它们就简直无法存在下去。它们之得以称善,纯粹就是因为它们的那个绝对的"是"乃是来源于"善"之意志。因为那原初之善乃是凭着绝对的"是"才得以实质性地称善;而次等的"善"之所以得以称善,那是依靠它由以来源的那个"善",后者的绝对的"是"就是"善"。可是,一切事物的绝对的"是",都来源于"本原之善",而正确地说,在后者那里,绝对的"是"被说成跟善完全等同。所以,它们的绝对的"是"就是善,从而,这绝对的"是"就居住在上帝里面。

　　这样一来,这个问题就解决了。因为虽然可以认为凡是存在 48-49着的事物都得以称善,但是,它们跟"原初之善"是不一样的,理由很简单,因为它们的绝对的"是"并不是在任何情况下得以称善的,而只有在这绝对的"是"来源于"原初之是"也即"原初之善"

时,这些事物才能够拥有这绝对的"是"。所以,它们的实质是"善",但又不同于它由以来源的那个"善"。因为"原初之善"不考虑任何条件就凭着它的存在而称善,它除了"善"之外就一无所是;然而,那次等的"善"之得以称善,必定是由于它来源于某一个另外的源泉,而绝非凭着自身的存在就能够称善。因为在那样的情况下,它固然有可能参与在"善"之中,但其实质性的"是",既然并非来源于"原初之善",因而就不可能具有"善"之要素。由此可见,如果我们头脑中没有想到"原初之善",这些事物,尽管也可以称善,但不是凭着它们的存在而得以称善,而且,既然要不是那真正的"善"产生出它们,它们不可能真正存在,因此,虽说它们的"是"也称善,但这样的"善",乃是由实质性的"善"之中派生出来的,并不等同于那将它产生出来的它的源泉。并且,除非它们是由"原初之善"之中派生出来的,否则,即使它们得以称善,但它们也不可能凭着它们的存在就称善,因为这样的话,它们就远离"善",并非由"善"之中派生而来;这里所说的"善",就是"原初之善",就是实质性的"是"和实质性的"善",就是那实质性的"善性"。可是,我们不会去说那些白色的事物是凭着它们的存在而成为白色的,因为它们得以存在是凭着上帝的旨意,而并非凭着它们的"白"。因为,"是"是一回事,而"是白色",又是另一回事,这是因为,那赐给它们这个"是"的,是上帝,上帝是"善",而不是"白"。所以,正是按照"善"之旨意,才使得它们得以凭着它们的存在而称善;但决非是按照某个原先非白色的事物的意志而使得它具有某种性质而可以凭着自身的存在而变成白色,因为并不是说上帝是白的,故而他将"是"赐给这些白色的事物。它们之所以白,纯粹是由于那位并非白色的上帝却愿意要它们白;但它们之所以凭着它们的存在而得以称善,却是由于那位善的上帝愿意它们也称善。那么,以此类推,是否可以说,众人之所以得以称义,就是因为那位正义的上帝愿意他们这样呢? 并非如此。因为称善包含有"是"在内,而称义所包含的是做出某种行为。在上帝那里,"是"和"做"是同一的;在上帝那里,称善和称义,完全是一回事。可是,在我们这里,"是"和"做"就不是同一的,因为我们并不是纯一的。因此,在我们这里,善性和正义并非是一回事,可是,我们又由于我们的生存而具有同一类的"是"。所以说,所有的人都称善,但众人并非都称义。最终可以说,"善"是一个总类,而"义"是一个特类,这个特类并非适用于全体。由此可见,某些人是正义的,而某些人并不是正义的,但所有的人都是善的。

论天主教信仰①

　　《新约》和《旧约》为基督教信仰树立了模范。可是,虽然那些古卷②也在其字里行间提到了基督的名字,也屡屡提示基督将要降临,就是这一位我们现在相信已经由童贞女生养而降临世上的基督,然而,这样的信仰真正在全世界范围内广为传播,那是从我们的救主真正奇迹般地降临以后才开始的。

　　现在,我们的宗教,就是被称为基督教及天主教信仰的我们的宗教,主要是以下述主张为依据的。自永恒起始以来,就是说,在世界创立之前,从而还在时间产生之前,就已经实质上存在一位由圣父、圣子和圣灵合而为一的上帝;我们奉圣父为上帝,奉圣

---

　　① 在载于1901年第6期《古典语文学年鉴》的那篇论文《据认为是波爱修斯所著的〈论天主教信仰〉》(*Der dem Boethius zugeschriebene Traktat de Fide Catholica*,*Jahrbücher für kl. Phil.*,xxvi,1901)中,编者之一所做出的对该论文真实性的质疑的那些结论,现在看来是站不住脚的。论文作者试图在另外一个地方返回到这个题目。这第四篇论文,尽管有些残缺,但在一些良好的手稿中,都归到波爱修斯或者他所具有的某个头衔上。在波爱修斯的两种可靠的修订版本中,都明确无误地收录。并不存在要予以否定的理由。实际上,Cassiodorus所提及的*capita dogmatica*,除了这第四篇论文之外,很难归入任何其他一篇论文。

　　② 关于instrumentum＝《圣经》,可参见德尔图良(Tertullus)的《护教篇》. 18,19;《驳赫摩根尼》,19等等。关于 instrumentum ＝ 任何一本历史著作,可参见 Tert. De Spect. 5。

子为上帝,也奉圣灵为上帝,然而,并非有三位上帝,而是一位上帝。这样,圣父有圣子,那是由他的实质之中生养出来的,并以唯独他知晓的方式与他共存,直到永永远远。我们奉为圣子的上帝,我们并不认为他就是圣父。同样,圣父也从来没有当过圣子,因为人的意念无法设想可以向后一直返回到永恒的上帝世系;同样,圣子凭着他与圣父具有同一个本性而得以与圣父永恒共存,也从来没有当过圣父,因为也无法设想可以向前一直延续到永恒的上帝世系。然而,圣灵既非圣父也非圣子,因此,尽管也属于同一个属神的本性,却既不是被生养的,也不是有所生养的,而是既出自于圣父,也出自于圣子。① 然而,究竟如何出自于圣父和圣子,那我们是不可能说得很清楚的,就如同凭人的想象无法理解圣子如何从圣父的实质之中诞生出来一样。不过,这些信条是由《旧约》和《新约》为我们的信仰所规定了的。关于我们的宗教这个坚不可摧的堡垒,②却有许多人提出了另外的说法,甚至公然加以非难,这样的人,抒发的是属人的感受,不,说得更确切一些,抒发的是属肉体的感受。例如,阿里乌,他虽然也称圣子为上帝,却宣称圣子远低于圣父,是属于另外一类的实质。而那些撒伯里

54-55

---

① 波爱修斯并没有什么异端思想。在 6 世纪时,*uel*(既……又……,无论……还是……)这个连接词丧失了它原有的单独的强势意义。参见:"Noe cum sua uel trium natorum coniugibus," Greg. Tur. *H. F.* i. 20. 另一些例子,参见 Bonnet 的 *La latinité de Grég. de Tours*, p. 313,以及 Brandt 的《引论》(*Isag.*),索引,参见 *uel.* 条。

② 见《哲学的慰藉》,第一卷,第 III 节(第 140 页以下),及参见但丁《论世界帝国》,第三卷,16. 177。

乌*派的人，竟然敢于主张并没有分别的三个位格，只有一位，主张圣父就是圣子，圣子就是圣父，而圣灵就是圣父和圣子；他们宣称，只存在有一个上帝位格，只是用不同的名字来称呼而已。

56-57　　还有摩尼教徒**，他们主张有两个永恒共存但互相敌对的本源，他们并不相信上帝的独生子。因为他们认为，说上帝有一个儿子，那是一种跟上帝不相配的想法。他们认为，像人间由两个肉体交合而产生后代的事，①完全是肉体上的事情，完全不配用到上帝上面去。因而，这样的说法，在《旧约》中，更不用②说在《新约》中根本没有得到认可。确实，他们的错误就在于，在反对这样的说法的同时，也反对童贞女产子的说法，因为他们无法相信上帝的本性可以受到男人的玷污。可是，现在就到此为止吧；这些问题，在合适的时机会恰当地加以说明的。

　　那从永恒直到永恒无丝毫变化地持续着的上帝本性，凭着只有上帝自己才明白的旨意的实施，一切取决于上帝自己来创造这世界，从绝对的虚无之中产生出一切来。上帝并没有由自己的实质之中创造出世界来，为的是不至于让大家误认为这世界的本性就是神圣的。同样，上帝也并没有按照某个模型来创造世界，为的是不至于使大家产生错误的认识，即似乎先前存在有什么事

---

　　*　Sabellius，生于利比亚，一位生活在公元2—3世纪的基督教学者。他反对三位一体，主张上帝只有一位，圣父、圣子和圣灵是同一位上帝的三种不同显现。后被罗马主教加里斯都开除出教。——译注

　　**　Manichaei，是指由出生于巴比伦的摩尼（Mani，公元216—约276）所创立的宗教派别。主张善恶二元论，称宇宙间有善神（光明之神）和恶神（黑暗之神）。——译注

　　①　Ut quia［就好像］，很少有这样的用法。见 Baehrens《拉丁语句法助读》（*Beiträge zur Lat. syntaxis*），1912年增补卷，xli，也许这等同于亚里士多德的 οἷον ἐπεί. 参见 Mckinlay, *Harvard stadies in Cl. Philol.* xviii, 153。

　　②　intergro＝prorsus；参见 Brandt 前引书，索引，参见 integer 条。

物,是它藉助于某个独立的性质的存在而帮助上帝成就他的旨意,似乎有某种并非上帝所创造的事物但确实已经存在着了。可是,上帝凭着他的道生成了天并创造出了地,①为的是他可以使得有些性质得以配得上在天上占有位置,而又使得世俗的事物归于大地。不过,尽管天上的一切事物都是无比美好和秩序井然的,但毕竟在创造天的时候更有其中一部分普遍被称为天使的②,他们企望高于大自然,而那大自然之创造者也恩待他们,让他们可以自由脱离其天上的住处。而且,正因为天国的国民是天使,而造物主不希望天使的名额不断减少,他就用泥土创造出人,并将生命之气息吹入到他里面去。上帝赋予人理性,又赋予人以选择的自由,并让他们享受到天堂的欢乐,预先订下盟约,即只要人不犯罪而留在天国,⁵⁸⁻⁵⁹ 上帝就会使人以及人的后代成为与天使同等的主人。所以,正如同由于傲慢而被诅咒使得高贵的本性遭到低贬,同样,那低贱的实质也可以由于谦卑而受到祝福而就此得到提升。然而,圣父是嫉恶如仇的,他决不愿意让人攀升到他所不配停留的地方,他就让人以及他的配偶经受诱惑,而这配偶,原本是造物主为了种族的延续而安放到人身旁的。上帝虽然给他们警示,如果违抗他的命令将会遭到怎样的惩罚,但同时还是允诺赐给他们以神性,以至于他们会傲慢地企图去占有那导致他们堕落的东西。这一切,全都是上帝向他的仆人摩西所启示的,从摩西写下的那些经书中可以看出,上帝答应将创世以及人的起源之事,都教导给他。因

---

　　①　这说法是正教的说法。但请注意,波爱修斯并不是说 *ex nihilo creauit*［从虚无中创造出来］,见本书,第 364 页,第 24 行起。

　　②　见本书,《哲学的慰藉》,第四卷. 第 VI 节,第 32 页,第 54 行。

为上帝的命令,总是以以下三种方式之一来传达的:历史记事,直接宣布事实;比喻,根本不提历史事情;或者,把历史记事与比喻二者结合到一起而加以促成。所有这一切,对于那些虔诚而坚定的信徒来说,是十分明显的。

　　不过,还是让我们回到我们的正题来吧。那位最初的人,在他犯罪以前,跟他的配偶一起居住在那乐园之中。但是,当他听从他妻子的声音而不再遵守他的造物主所立下的诫命时,他就遭到了放逐,被命令去耕种田地,他从那个可以得到庇护的乐园之中被放逐出来,他就领着他所生养的后代到那些一无所知的地方。这最初的人,由于违抗上帝的诫命而犯下了罪,他因此所遭受的惩罚,却一代代传给他的子孙。如此,就使得肉体和灵魂的堕落以及死亡,连绵不断地延续下来。他第一次就在他自己的儿子亚伯身上感受到了加在他身上的惩罚之重*。因为如果亚当先就死去了,那么,在某种意义上说,他也许并不知道他所遭受的惩罚,而且,即使有人如此说了,他也许也不会感受到这样的惩罚。然而,他在另外一个人身上感受到了这样的惩罚,他感悟到了由于他蔑视上帝的诫命而遭到的报应,既然他自己也是注定要死的,那么,这样他就经过亲身的体验而有了更深的感受。但是,这最初的人,由于违抗上帝的诫命而受到的诅咒,又通过自然的繁

₆₀₋₆₁

————————

　　* 事见《创世记》,第 4 章,第 3—8 节。亚当的大儿子该隐嫉妒他的弟弟亚伯,在田间将他杀害。——译注

殖而传给了后代,这一点,有一个叫作伯拉纠*的人却加以否认。这个伯拉纠的异端邪说,曾以他的名字流传,而众所周知,立刻就由天主教信仰将其清除了出去。然后,人类就由这位始祖传下来而得以广为繁衍,但却争端不断,不时爆发起战争,继承着世俗的苦难,已经全然丧失掉了那最初的父母所曾享受过的天堂之欢乐。然而,那位赏赐大恩典的上帝,还是在人类中给自己留出了那么一小部分人,这一小部分的人是听从他的旨意的,而且,尽管凭本性而论他们也该受谴责,但上帝还是让他们预知那原本要在很久以后才会得以揭示的隐奥的秘密,允诺使他们去拯救那堕落了的本性。就这样,人类遍布大地,而恣意任性的人鄙视他的造物主,开始独断独行起来。因此,与其听任人类这样顽抗下去,上帝宁可通过一个正义的人来拯救人类,故而,除了挪亚一人以外,上帝让所有的人都深受罪孽的苦难,在洪水中遭到毁灭,而让那个正义的挪亚带领着他的孩子以及他随身所带的东西进入了方舟。至于上帝为什么要用一艘木制的方舟去拯救这个义人,这理由,凡是熟读《圣经》的人,都是明白的。这样,我们可以称之为世界的第一时代的那个时期,是以复仇的大洪水而告结束的。 62-63

　　如此一来,人类又复兴了,然而,在那个罪恶的始作俑者的影响下,人类的劣性又一次变本加厉地发作起来。那早已由大洪水

----

　　* Pelagius,公元约360—约430年,基督教神学家。他认为,人生来并没有罪,亚当个人犯罪与全人类无关,人的行善与作恶,都取决于各人的自由意志。他因此被斥为异端,遭到贬责。——译注

严惩过的邪恶行径,却反而愈益增多,而原先被允许的人的绵延长寿,这时大大缩短为短暂的人生。但是,上帝不再愿意用洪水来毁灭人类,他宁愿让人类如此延续下去,他从人类之中挑选出那么一些人,为的是他可以在最后的日子里让他的儿子以人的模样降临到我们这里来。在这些人中,亚伯拉罕是第一个,而且,尽管他受尽种种磨难,他的妻子也早过了生育年龄,但他们还是在自己的晚年蒙恩得到了一个儿子,那是上帝在履行他的应许。这个儿子的名字叫以撒,以撒又生下了雅各,雅各生下了那十二个支派,但上帝并不把那些按着血气而生的人归在这个数目中①*。然后,这位雅各决定带着他的儿子们和他的全家迁往埃及去经营买卖;经过了好多年以后,他们在埃及人丁兴旺,渐渐为埃及统治者所猜疑,法老便让他们从事繁重的劳动,加以沉重的负担②,以此来压制他们。后来,上帝憎恶埃及国王的暴虐,将红海的水分开**——这可是此前大自然闻所未闻的奇迹,借助摩西和亚伦的手把上帝的子民领了出来。这以后,埃及遭遇了严重的瘟疫,因为他们当时不肯让上帝的子民离开。如此,正如同我曾经告诉过你们的那样,他们在穿越红海和一大片荒漠之后,便来到了名为

---

①　例如,以实玛利(Ishmael),也称为 κατὰ σάρκα γέγευνηται,见《加拉太书》,第 4 章,第 23 节。

*　《加拉太书》(第 4 章,第 22 节和第 23 节):"因为律法上记着,亚伯拉罕有两个儿子,一个是使女生的,一个是自主之妇人生的。然而那使女所生的,是按着血气生的,那自主之妇人所生的,是凭着应许生的。"亚伯拉罕和他的使女夏甲生下的儿子叫以实玛利(Ishmael),事见《创世记》,第 16 章,第 11 节。——译注

②　参见"populus dei mirabiliter crescens... quia... erant suspecta... laboribus premebatur",奥古斯丁,《上帝之城》,18.7,又参见 Rand 前引书,423 页起。

**　事见《出埃及记》,第 14 章,第 20—25 节。——译注

西奈山的那块山地，在那里，上帝那万物的创造者，希望让万民都 ₆₄₋₆₅
懂得该行的礼仪，他通过摩西颁布了律法，由律法规定该如何行
祭礼和遵行各种民间习俗。在随后的行程中，又经过好多年的战
争打败了多个部族，他们才最后在那位叫作嫩（Nun）的人的儿子
约书亚的带领下到达了约旦河，而为了使他们可以穿越这条约旦
河，又像以前红海那样，约旦河的河水也退去而成干地。就这样，
他们完成了他们的旅程，到达了那座现在叫作耶路撒冷的城市。
当上帝的子民在那里定居下来以后，根据我们所读到的，这才开
始有了士师*和先知，然后又有了王。先是扫罗称王，然后是犹大
族的大卫登上了王位。自大卫王开始，这王位便为父子相传了，
一直到希律王，根据我们所读到的，希律是第一位出自于外邦人
的国王。在希律王统治期间，有来源于大卫王谱系的那位受到祝
福的童贞女马利亚，她生出了人类的创造者。可是，正是因为当
时整个世界都陷于沉沦，罪孽深重而不能自拔，上帝挑选出了那
个民族，原本希望他的诫命可以在这个民族中发扬光大；上帝曾
派遣许多先知和圣者，为的是通过他们所发出的警告至少可以让
子民们不再肆无忌惮地自以为是。然而，他们却杀害了这些圣
者，宁可一意孤行地为非作歹。

　　到了最后的时日，上帝让他的独生子由童贞女生养出来，用
他来替代以前那些先知以及其他蒙上帝喜悦的人，为的是使那由 ₆₆₋₆₇
于人类始祖的违抗而丧失了的人类的得救，可以通过这位神人而

---

　　*　士师（judices），是指以色列人建国以前临时性的军事首领。《圣经》中专门有一
卷《士师记》，记述士师们的事迹。——译注

重新得以恢复,而且,既然原先是一个妇人诱使男人做那致人于死的事情,现在就理应有第二个妇人,从她的母腹之中产生出圣子,再由他来给人以生命。不可认为上帝的儿子由童贞女而生是一件不相配的事情,因为上帝的儿子由孕育到诞生是合乎自然的过程。是那童贞女由圣灵受孕而怀上那成肉身的上帝的儿子,是那童贞女将他生养了出来,又是那童贞女,在他诞生以后仍旧生活下去。他成了人的儿子,而同样又是上帝的儿子,在他身上,闪耀着神性的光辉,而同时,也公开了那属于人的软弱。然而,这样一条极其有益的和千真万确的信条,却遭到许多人喋喋不休的反对,他们提出了与此不同的教义,其中尤其是聂斯脱利和优迪克*的异端邪说,一人说圣子仅仅是人,而另一个说圣子仅仅是上帝,而基督所具有的那个人体,并不是凭借分享人的实质而降临的。不过,在这方面,就到此为止吧。

这样,基督就以肉身而长大成人,他也受洗,其目的就在于,他要为别人作出洗礼的榜样,故而他自己要先领受他所教导的事情。在他受洗之后,他挑选了十二个门徒,其中有一个是背叛他的。然后,由于犹太人不愿意容忍纯真的教义,他们就加害于他,将他钉在十字架上处死。就这样,基督被杀害;他有三天三夜躺在坟墓之中。然后,按照在创世之前他就跟他的父所设定了的,

68-69

---

* 聂斯脱利(Nestorius),约380—451年,古代基督教神学家,主张基督二性二位说,不承认在基督里面神性与人性是统一的。公元431年受到以弗所公会议绝罚。优迪克(Eutyches),约378—454年,古代基督教神学家,他反对聂斯脱利的二性二位说,但认为基督只有一个本性即神性,他的人性已被神性所吞没。在公元451年卡尔西顿公会议上被判为异端,遭到流放。——译注

他又从死中复活。他升到了天上,从那个时候开始,我们都知道他无时不在,而他之所以要当上帝的儿子,其目的就在于,既然他自己曾经取过肉身,魔鬼曾经设法阻止他升入到那至高的处所,他就可以作为上帝的儿子跟上帝一起把人也提升到天上的居所。他让他的门徒们去给人施洗,让他们把得救的真理去教导人,让他们也有行奇迹的权柄,还吩咐他们走遍世界去给世界以生命,使得得救的福音不再仅仅在一个民族中传播,而要遍及地球上所有的居民。但因为人类的始祖犯了罪而使得人类继承了那样的本性,要遭受永恒的惩罚,他们不可能完完全全得救,因为他们已经由于他们始祖的缘故而失去了它,上帝设下了某些能起补救作用的圣礼,以此来教导人们认清恩典所赐予的与人的本性所应得的这二者之间的差别。单单按本性,那是应该受到惩罚的,然而,凭着那恩典,尽管人们根本没有资格获得这恩典,按人们的所作所为,那是根本不配的,但所有的人还是可以得到拯救。

所以,这个属天的教导得以在全世界传播,万民携手团结,教会得以建立,四面八方都联合起来,基督就是我们的首领,他升到天上,就是为了让属他的人都必定跟随去往首领已经去往的地方。这样,这个教导,既鼓励我们在今生要多行善事,又允诺我们的身体在我们寿终以后可以完好无损地升入天国,结果就是,在地上行善行之人,凭着上帝的恩赐,都会在复活之后得到福乐,而在地上行恶行之人,就会在复活之后陷于深重的苦难。而这就是 70-71 我们所信的宗教的一个坚定不移的原则,我们不单相信人们的灵魂不会消亡,而且还相信,他们自身的肉体,虽然在死亡来临时遭到了破坏,但会在将要来临的那个大喜大乐的时刻又恢复他们的原样。如此，众所周知，现在在全世界广为传播的天主教教会，具有以下三个特有的标志：在天主教教会之中被信奉和被教导的任何内容，必须来自于圣经的权威，或者来自于普遍公认的传统，或者，至少是来自于教会自身正当的用法。这样的权威对全部的教会都具有约束力，也成为教父们应该遵守的普遍传统，而同时，各个单独的教会也还存在着，按照地域的差别和各自所做的良好判断，可以有其自有的一些设置和制定的一些恰当的仪式。所以，现在信徒们所盼望的，就是这世界终将到达它的尽头，一切会毁坏的东西都得消亡，而人们会复活过来接受这未来的审判，到时，每一个人都会按他的功过得到他应得的回报，永永远远地居住在为他所指定的处所。只要虔诚地向全能的主默默祈祷，就会得到最大的福乐。在被造物仰望着造物主的时候，他们最终会进入天使的数目之中去，成为天国的国民。在那里，端坐在王位上的是那童贞女之子，在那里，有着永恒的欢乐，永恒的喜悦，个个丰衣足食而又勤劳努力，时时赞美着这创造万物的主宰，直到永永远远。

反对优迪克和聂斯脱利

备受尊敬的荣任前执行官波爱修斯大人著

儿子波爱修斯谨以此文敬献

给他那崇高和可敬的教父约翰副主祭*

我已经有很长时间一直在焦急地等待着,希望您能跟我一起来讨论在这次会议上所提出的那个问题。但是,前段时间您的职务使您无法脱身,而以后有一段时间我又忙于处理我的公务,因此,我决定还是把我先前一直想用嘴说出来的话,现在把它们给写出来。

毫无疑问,您一定还记得,在那次公会议上当众宣读那封书信①的时候,大家一致主张,优迪克派虽然承认基督由两个本性而形成,但并不认为基督是由这两个本性组成的;而天主教则对上

---

* 罗马天主教教会的副主祭约翰(Johan)是波爱修斯的导师和教父,他的极高的学术造诣,使得他在罗马教会和罗马元老院中享有崇高的地位。波爱修斯的多篇神学论文,都是在与约翰讨论之后写成的。公元 523 年,约翰升任罗马教皇,称为约翰一世。——译注

① 显然,指由一些东方主教写给教皇叙马库斯(Symmachus)的那封书信(见 Mansi,Concil. viii. 221 页起),在信中,他们询问是否有处在优迪克与聂斯脱利这两种异端之间的安全的中间道路。主教们的书信写成的年份也很可能是波爱修斯写作这篇论文的年份,是公元 512 年。

述两条均予以认可,因为具有纯真信仰的信徒们,既相信基督由这两个本性而形成,同时也相信基督就寓于这两个本性之中。当74-75 时,我对这一主张之新奇颇感惊讶,我就开始去研究,由这两个本性所形成的合一,以及寓于这两个本性之中的合一,二者究竟会有怎样的区别。对于写这封信的那位主教认为十分重大而不同意轻率放过的那一点,在我看来也极其重要,不可以随随便便掉以轻心。在那次会议上,所有与会者都斩钉截铁地强调,这样的差别是显然存在的,绝无含糊不清、混乱和费解。然而,在一片喧哗和杂乱声中,竟然没有任何一个人真正摸到这问题的边,更不用说解决这个问题了。

当时,我坐得离我特别想要注视的那个人①很远,如果您记得当时的座次,那么,我离他很远,中间隔着好多个人,尽管我很想去看,但我还是看不清他的脸和表情,也根本无法从中察觉他会有怎样的见解。就个人而言,我确实也谈不出比别人更多的东西,实际上恐怕还不如别人。对于当时争论的问题,我并没有什么过人的观点,而且,有人误认为我对此知情,实际上并非如此,因而更无所作为了。我承认,我当时倍感不安,处身于那些无知的发言人的包围之中,我保持着静默,假如我在这些疯子中保持头脑清醒的话,那么,我倒唯恐反被他们当作疯子了。② 因此,我继续在心中默默地思考着所有这些问题,并不轻信我所听到的,而是每每加以仔细回味,不断思考。最后,我久久敲打的门,终于给打开了,我所找到的真理,拨开了我前进道路上笼罩着的优迪

---

① 　显然,指他的岳父叙马库斯。

② 　参见 Hor. *Serm.* i. 3. 82;ii. 3. 40。

克错误的层云。有了这样的发现，我不胜惊异地看到了那些无知的人的胆大妄为，他们厚颜无耻、千方百计地掩盖他们的不学无术，因为他们非但经常会抓不住争论的要点所在，而且在这一类辩论中甚至搞不清他们自己所持的观点。有一点他们忘记了，那就是，不坦白承认自己的无知，只会使无知变本加厉。[①]

76-77

暂且不要说他们了。我现在把这篇短文递交给您，是希望由您第一个来对它作出判断和思考。如蒙得到您的首肯，我请求您把它和您手头已经有的我的那些其他论文放到一起；但是，如果有任何地方需要加以增删或更改的话，请您告诉我您的意见，我一定会立刻遵照您的意见去做。一旦完成了修订，我会一如既往地把它提交给那位大人[②]。然而，既然现在只得用笔来代替活生生的声音，那还是让我先来澄清聂斯脱利和优迪克所犯的那些极端的和自相矛盾的错误。在这之后，靠着上帝的扶助，我会接着适度地来阐述基督教信仰的中间道路。可是，正因为在这两个自相矛盾的异端派别所提出的全部问题中辩论的中心问题是位格和本性，因此，首先就必须对这两个名词加以定义，辨明它们之间的真正的差别。

I.

本性，既可以被认定仅仅是形体的本性，也可以被认定仅仅是实质的本性，也就是说，既可以是有形的东西的本性，也可以是

---

① 见《哲学的慰藉》，第一卷，第 IV 节（本书第 142 页），如果你希望得到救治，就必须看清你的创伤所在。

② 见上页，以及《论三位一体》，第 3 页。

无形的东西的本性,或者,可以是以任何方式能够得到认定的任何事物的本性。那么,既然本性可以以三种方式被认定,那它显然也应该以三种方式被定义。因为如果你选择的是认定事物的整体的本性,那么,所下的定义就会是把一切存在着的事物都包括在内的那种定义。按照这样的说法,它就会是这类定义:"本性属于那些由于其存在,在某种程度上能够被理智所理解的事物。"这样的定义,既包括偶然性,也包括实质,因为它们全都能够被理智所理解。我之所以添加上了"在某种程度上",是因为上帝与物质,原本是不可能被理智所理解的,不过,尽管理智决不可能那么十全十美,但是,通过除掉偶然性,上帝与物质还是在某种程度上被理解了。而之所以要加上"由于其存在"这样的说法,其理由就在于"无"这个词,虽然并不指本性,但仍然指某个事物。因为虽然它确实并不指任何事物,宁可说,它指的是"非存在",但是,凡是本性,都是存在着的。如果我们选择的是认定事物整体的"本性",那么,所下的定义就会是上述那种定义。

可是,如果"本性"被认定仅仅是具有实质的本性,那么,既然一切实质要么是有形的要么是无形的,因而,我们会对表示实质的本性下如下的定义:"本性,或者是能够起作用的,或者是能够被作用到的。"现在,一切有形的事物以及有形事物的灵魂,都具有发挥作用和接受作用的能力;因为这种能力,既是在物体之中发挥作用,也是物体所经受的。但是,单单发生作用,只有上帝以及别的一些属神的实质才会如此。

在此,你就又有了只适用于实质的那种定义。这样的定义也包括对实质的定义。因为,如果"本性"这个词意味着实质,那么,一旦我们定义了本性,我们也就同时定义了实质。然而,如果我们撇开无形的实质,让"本性"这个名称只限于有形的实质,那么,似乎只有有形的实质才具有实质之本性——这正是亚里士多德 80-81 以及亚里士多德学派和其他学派的依附者们所持的观点——,我们也会像那些只同意把这个词应用于物体的人一样来给本性下定义。根据这一观点,就该如此来下定义:"本性是自有的而非依靠偶然性才具有的运动原则。"我说"运动原则",因为每一个物体都有其自有的运动,火焰向上运动,而泥土向下运动。而我说"自有的而非依靠偶然性才具有的",可以用木头基座的例子来说明,它天生是被放在下面的,而不是由于偶然性才放下去的。它是由木头做成的,而木头是出自于土地的材料,这样,由于它的重量,它就沉在底下。因为,它之所以在下面,并非由于它是基座,而是由于它是出自于土地的材料,也就是说,它之成为基座,倒是这种出自于土地的材料的一个偶然;可见,我们称它为木头是根据它的本性,而称它为基座,倒是根据它被做成的形状。

而且,就我们说金和银具有不同的本性,从而想以此来指明事物的特殊质地这一点而言,则本性又有着另外的含义。本性的这一层含义,可以以如下的方式来定义:"本性是使任何事物得以形成的那种特殊的差别。"由此可见,虽然上述所有各不相同的方式都在对本性作出描述和定义,但是,天主教和聂斯脱利派都坚信在基督里面存在有按我们最后的定义所确立的两种本性,因为同一个特殊差别不可能既适用于上帝又适用于人。

II.

然而，要想给位格下一个精确的定义是一件十分令人困惑的
事情。因为如果说每一个本性均具有位格，那么，本性与位格之
间的差别就是一个难以解开的症结；或者说，如果不将位格看作
跟本性相等同，而认为它是一个范围较为狭窄的名称，那么，难以
说明白的是，位格可以延伸到怎样的本性，位格一词可以应用于
怎样的本性，以及又是怎样的本性可以从位格之中分离出来。因
为有一件事情是很清楚的，即本性乃位格的主项，除了本性之外，
位格不可能当什么东西的谓项。

因此，我们应该以如下方式来推进我们对这些问题的研究。

既然位格不可能脱离某个本性而存在，又既然本性不是实质
就是偶然性，而且，我们看到，某个位格不可能存在于一些偶然性
之中（因为有谁可以说白色或者黑色或者尺寸大小会具有什么位
格呢？），那么，只能认定位格只适用于实质。但就实质而言，有些
是有形的，有些是无形的。又就有形实质而言，有些是有生命的，
而另一些是没有生命的。再就有生命的实质而言，有些是有感觉
的，而另一些是没有感觉的。而在有感觉的实质之中，有些是有
理性的，而另一些是没有理性的。[①]类似地，在无形的实质里，有
些是有理性的，而另一些是非理性的，例如，牲畜的生命。然而，

---

① 这种划分的类似的例子，可参见西塞罗的《论义务》ii.3.11。也可参见 Brandt
编《波菲利引论》，i.10。

82-83

在有理性的实质中,唯独有一个实质其本性是永恒不变和无感受的,那就是上帝,而另外任何被造而成的实质,则是易变的多感的,除非是那样一种情况,即靠着无感受的实质的恩典,使有感受的实质变得完全无感受,而这正是天使们以及灵魂所具有的特性。

从我们上文给出的那些定义中可以清楚地看到,不可能认定以下这些事物会具有什么位格,那就是:没有生命的形体(没有人说过一块石头有什么位格),没有感觉但有生命的事物(一棵树决没有什么位格),缺乏理智和理性的动物(一匹马、一头牛或者其他一些默默而无理性、单凭感觉而活着的动物,也没有什么位格可言)。然而,我们常说,那是一位人,一位上帝,一位天使。此外,有一些实质是全称的,而另外一些实质是特称的。全称项是那些被用来作个别事物的谓项的名词,例如,人、动物、石头、岩石以及其他这一类的事物,它们全都是类属或种属;因为"人"这个全称名词可应用于各个个别的人,"动物"应用于各个个别的动物,"石头"和"岩石"应用于个别的石头和岩石。但是,特称项就不会被用作其他事物的谓项,例如,西塞罗、柏拉图,例如,这一块被用来雕塑成阿喀琉斯雕像的石头,这一块被用来做成桌子的木头。但是,在所有这些事物中,位格无论如何都不可能被应用于全称项,而只能被应用于特称项或者个别项,因为作为生物或种属的"人",没有什么位格可言,只有像西塞罗、柏拉图或者其他一些个人,才会以位格来称呼。

III.

因此,如果位格只属于实质,尤其是属于这些有理性的实质,并且,如果凡是本性都是实质,但并非存在于全体之中,而是存在于个体之中,那么,我们就找到位格的定义了,即:"具有理性本性的个别的实质。"[①]我们拉丁人运用这样的定义,来描述希腊人称之为 ὑπόστασις 的东西。因为 personae[*] 这个词借自一个完全不同的来源,即借自喜剧和悲剧中用来表现不同角色的面具。而作为"面具"讲的 persona,则来源于将长音放在倒数第二音节上的 personare。可是,如果把重音放到倒数第三个音节上,[②]那么,这个词显然来于 sonus[声音],由于这个道理,那种中空的面具必定会产生出很响亮的声音来。希腊人也称这样的面具为 πρόσωπα,那是由于它们被戴在脸上,不让观众看到脸:

παρὰ τοῦ πρὸς τοὺς ὦπασσ τίθεσθαι。

然而,正如同我们前面说过的那样,那些演员戴上了面具,扮

---

①　波爱修斯对"位格"所下的定义,被圣托马斯所继承(S. ia iae. 29.1),被经院哲学家们奉为经典,也得到了现代神学家们的认可。参见 Dorner 的《基督的教义》(*Doctrine of Christ*),iii. 第311页。

*　波爱修斯擅长希腊文,他曾将大量古希腊的哲学原著翻译成拉丁文。这里对一些拉丁文的名词,从它们希腊文的来源加以讨论,有助于对一些概念的理解。为便于读者阅读这一段文章,特将一些主要的拉丁文名词列出:persona(personae)——面具,位格;→ personare——(动词)发出声音;subsistentia——实存者,实存;→ subsistere——(动词)具有实存;substantia ——实质;→substare ——(动词)起着支撑作用;essentia —— 本质;→esse——(动词)是,存在着;natura ——本性。——译注

②　含有一个倒数第二短音节。

左侧页码标记:86-87

演悲剧和喜剧中不同的角色——赫卡柏、美狄亚、西蒙、克雷梅斯*——而所有其他那些凭他们身上的若干特征就可以辨认的人，在拉丁文中就称为 persona，而在希腊文中便称为 πρόσωπα。不过，希腊人还更为明确地给具有理性的个别实存者起名为 ὑπόστασις，而我们由于缺乏适当的词汇，仍使用借来的名称，把他们称为 ὑπόοστασις 的东西叫作 persona。然而，希腊由于拥有更为丰富的词汇库，就给个别实存者起名为 ὑπότασις。对于那些首先由希腊人提出来的事情，如果我可以在用拉丁文进行解释之前运用希腊文来加以探讨的话，即：αἱ οὐσίαι ἐυ μὲυ τοις καθόλου εἶυαι δύνανται ἐν δὲ τοῖ ς ατομοις καὶ κατὰ μέρος μόνοις υφισταντaι。翻译出来就是：本质确实也能够潜在地存在于全称事物中，但是，它们仅仅只在特称事物中才具有特有的实质性的存在。因为我们对全称事物的理解，全都来自于特称事物。因此，凡实存者都体现在全称事物之中，但它们是在特称事物中才获得实质的，所以，他们正确地给实存者起名为 ὑπόστασις，这些实存者是以特称事物为媒介而获得实质的。无论是谁，只要用心仔细去观察，决不会认为实存者跟实质是等同的。

88-89

　　希腊文的名称 οὐσίωσις οὐσιῶσθαι，在我们这里对应的就是 subsistentia 和 subsistere，而他们的 ὑπόστασις υφιστασθαι，就是我们这里的 substantia 和 substare。因为，某一个事物，当它并不需

------

* 赫卡柏（Hecuba），特洛伊国王之妻，特洛伊国灭亡后被俘，最后变成狗。美狄亚（Medea），科尔喀斯国王之女，善巫术。西蒙（Simonis），拉丁喜剧中的一位老人。克雷梅斯（Chremes），泰伦蒂乌斯喜剧中一个吝啬的老人。——译注

要偶然性使它得以成为如此时，还是具有实质的，但是，事物所具有的实质，在于这实质给予另外一些事物即偶然性以使之得以成为如此的一个基质。这样的基质，只要还被置于偶然性之下，就支撑着那些事物。如此说来，类属和种属，只具有实存，因为偶然性并没有附着于类属和种属。然而，特称的事物就不单具有实存，而且还具有实质，因为它们不同于那些普遍的事物，它们是依靠偶然性才得以存在的，因为它们已经获得了它们应该具有的那些种差，它们又通过提供给那些偶然性以某个基质而使之得以成立。这样，esse 和 subsistere 代表着 εἶναι 和 οὐσιῶσθαι，而 substare 代表着 ὑφίστασθαι。因为，就如同西塞罗（Marcus Tullius）①曾经开玩笑地说过的那样，希腊从不缺少词汇，对应于 essentia 的有 οὐσία，对应于 subsistentia 的有 οὐσίωσις，对应于 substantia 的有 ὑπόστασις，对应于 persona 的有 πρόσωπον。但希腊人称那些个别的实质为 ὑποστάσεις，因为它们支撑着另一些东西，对那些被称为偶然性的东西提供了支撑和基质；至于我们，则称它们为作为基质的实质——ὑποστάσεις，而既然它们也用于称呼同样的实质，即πρόσωπα，我们也可以称它们为位格。这样，οὐσία 就等同于本质，ὑποσωσις 等同于实存者，ὑπόστασις 等同于实质，πρόσωπον 等同于位格。但是，希腊人之所以不对那些没有理性的动物也使用ὑποστασις，而我们却对这些动物也使用"实质"这个名称，其原因就在于：这个名称当时被使用于那些具有较高价值的事物，以使那些较优秀的事物可以被区分出来，而为此，如果根据 ὑφίστασθαι =

90-91

---

①　*Tusc.* ii. 15. 35.

substare 这样字面含义对本性所下的定义还不足以区分的话，那么，无论如何，根据 ὑπόστασις＝substantia，所下的定义就足以区分开来了。

所以，首先，人是本质(οὐσία)，是实存者(οὐσίωσις)，是 ὑπόστασις ［实质］，是 πρόσωπον［位格］：说他是本质，因为他存在着，说他是实存者，因为他对任何主项都不成其为偶然性，说他是"实质"，因为他对于一切并非实存者的事物都是主项，而说他是"位格"，因为他是一位有理性的个体。其次，说上帝是本质，因为上帝存在着，尤其是因为一切事物的存在都是由上帝的存在之中派生出来的。实存属于上帝，因为他确实存在于绝对的自主之中，而实质属于上帝，因为他就是实质性的存在。由此，我们进一步说，神性的本质或实存是独一的，但是有着三个实质。而根据这样的观点，人们确实说过，神性具有单一的本质，却有三个实质和三个位格。假定教会所使用的语言不禁止我们在谈到上帝的时候说有三个实质，①那么，把实质这样的名称应用到上帝那里，似乎是很恰当的，这倒并非因为是上帝像基质那样在支撑着其他一切事物，而是因为，正如同他超越万物之上那样，他同样也是事物的基础和支撑，是他给万物提供实存的。

IV.

你一定会想，我所说的一切，无非是为了区分本性和位格。至于在各种情况下究竟应该使用什么样的名称，要取决于教会如 92-93

---

① 有关将他自己的意见以类似的方式递交给教会使用一事，见第 I 节末尾和第 II 节。

何运用它们。但在目前情况下,暂且让我们采用我所认定的对本性跟位格这二者所做的区别吧,那就是:本性是任何实质的特有的品性,而位格是具有理性本性的个别实质。聂斯脱利主张,在基督那里,位格是双重的,因为他错误地认为位格可以被用于任何一个本性。做了这样的假定以后,他认为在基督那里也许是有两个本性,他宣称,同样也就有两个位格。虽然我们前面给出的定义已经足以证明聂斯脱利是错误的,但我们还是要通过以下的论证来进一步说明他的谬误所在。如果基督的位格并不是单一的,如果在基督那里明显有两个本性,即属神的本性与属人的本性(绝没有人会愚蠢到在其所下的定义中不把这二者都包括进去),那么,显然必定是有两个位格,因为正如上文所述,位格具有理性本性的个别实质。

那么,在上帝与人之间,究竟有着什么样的联合呢?是不是如同两个相互紧挨着的形体,彼此只有位置上的联合而没有性质上的交互呢?也就是说,是希腊人称之为 κατα παραθεσιν〔并列〕的那种结合吗?然而,如果人性是以如此方式跟神性结合在一起,那么,就没有什么事物的形成是出自这二者,基督就是无。其实,基督之名,从其为单数这一点就说明是一种合一。可是,如果一直保留着两个位格,而又发生了我们上面所谈到的那种本性的结合,那么,绝不可能有什么由两件事物所形成的合一,因为绝不可能由两个位格产生出什么事物。如此说来,根据聂斯脱利的观点,基督就不会是单一的,从而,基督就绝对是无。因为凡非单一的,就不可能存在;这是因为,是与合一是两个可互换的名称,凡有所是的,就必定是单一的。即使是那些由多个单项所组成的事

94-95

物,例如一大堆的什么东西或者一个合唱队,也是某种合一。现在,我们公开而诚恳地承认,基督是有所是的;因此,我们说基督是一个合一。而如果是这样,那么,无可争议的,基督的位格也是单一的。因为假如这位格是两个的话,那么,基督也许就不会是单一的。然而,说是有两个基督,那就无异于神志不清的人的胡言乱语。我请问,聂斯脱利敢不敢称呼基督的一位人和一位上帝为两位基督呢? 或者说,如果聂斯脱利称呼那作为上帝的基督为基督,称呼那作为人的基督也为基督,但他所认定的那种组合,却使得这二者没有任何共同的因素,没有丝毫的相关,那么,这如何说得通呢? 如果他不得不对基督下一个定义,就像他自己所承认的,他就不可能把同一个定义的实质应用于他所认定的那两个基督,那么,他为什么要错误地用同一个名字去称呼两个完全不同的本性呢? 因为如果上帝的实质不同于人的实质,而基督的同一个名字却同时适用于这二者,但又没有人会相信不同的实质的组合会形成单一的位格,那么,基督的名就是多义的,[①]不可能被包含在单一的定义之中。可是,又有哪一卷经书曾经把基督的名变成双重的呢? 或者说,救世主的降临究竟带来了什么新事物呢? 因为,信仰总是那么纯真,奇迹总是那么不可思议,这一点,对于天主教来说,是不可动摇的。基督虽是上帝,但他却让自己的本性跟那属人的本性结合在一起,尽管后者与上帝是截然不同的,但他还是把这两个不同的本性合而成为一个单一的位格。那是 96-97 一件多么伟大和前所未有的事情,独一无二的事情,是在其他任

————————

　　①　参见《波菲利引论》中关于 *aequiuoca* ＝ ὁμώνυμος的讨论,见 Brandt 的索引。

何时期都无可重复的事情啊！然而，如果我们听从聂斯脱利，会有什么新奇的言论呢？他说道："人性与神性，都保持它们各自特有的位格。"好的，那么，什么时候神性与人性没有它们各自特有的位格呢？而且，我们回答说，什么时候这又将不再如此了呢？或者说，假如这两个位格是截然不相同的，从而，这两个本性也是截然不相同的，那么，耶稣的诞生又何以比其他任何一个婴孩的诞生更重要呢？因为只要认定有这样的两个位格，那么，在基督那里就不可能会有什么两种本性的结合，就好比在任何一个个别的人那里一样，而正由于他所特有的位格实际存在着，因而他的实质就绝不会那么完善，也根本不可能跟神性结合在一起。但是，为了便于论证起见，我们姑且让这样的一个人被叫作耶稣，让他具有属人的位格，而又被叫作基督，因为上帝是通过这一位基督而行某些奇迹的。不过，为什么上帝要用基督这个名称去称呼上帝他自己呢？为什么他不进而用这个名称去称呼那些行奇迹的人呢？因为上帝行使好多个奇迹，正是通过他们的日常活动而成就的。难道是因为那些非理性的实质不可能拥有这样一个可以使他们接受基督之名的位格吗？难道上帝的作为不是明明白白地在那些高度圣洁虔诚的人那里得以显明的吗？倘若那将人性纳于自身的基督并非通过结合而成为单一的位格，那么，显然没有理由不也用这个名称去称呼那些圣者。不过，他也许会说："我同意这样的一些人可以被称为基督，但那是因为他们处于真正的基督的影像之中。"然而，假如没有从上帝与人的合一中形成一个单一的位格，我们会认为，他们跟我们所坚信的由童贞女所生的基督同样真实。因为，虽然那些凭上帝的圣灵而预言过基督降临的人，也曾因此被称作基督，但是，不管在他们那里，还是在上帝那里，此前还从来没有哪一位是由于上帝与人的结合而成为单一的位格的。所以，由此可见，只要还是说有什么两个位格，我们就绝不可能相信人性曾经被神性采纳过。因为在位格和本性这两方面都不相同的事物，是有区别的，而且是绝对有区别的。假如坚持认为有两个位格的话，那么，在基督那里神性与人性的区别就不亚于人与牛的区别。实际上，人和牛被结合于同一个生物界之中，因为就类属而言，他（它）们具有同一个实质，在构成宇宙万物的集合之中，他（它）们具有相同的本性。① 但是，如果还是要我们相信，由于本性的不同而导致这两个位格的区分，那么，上帝与人必定在各个方面都是截然不相同的。那么，人类就根本未曾得到过拯救，基督的降临并没有给我们带来救赎，所有先知写下的经卷，也都是在蒙骗信他们的人，那曾经允诺将由基督的诞生来拯救世界的整部《旧约》，也就威信扫地了。显而易见，如果说位格的差别跟本性的差别相同的话，那么，就根本没有什么救赎曾经带给过我们。毫无疑问，基督拯救了人类，我们也相信，基督采纳了人性。然而，如果坚持说本性的区别跟位格的区别是一模一样的，那么，就不可能设想会有这样的采纳。因此，只要还有属神的位格，属人的本性就不可能被采纳，当然也不可能出现由基督的诞生来实施救赎。如此的话，人的本性就从未因基督的诞生而获得过救赎——这可是一个不恭敬的结论。②

————————————

① Vniuersalitas = τὸ καθόλου.

② 以"这样就犯错"（*quod nefas est*）作结尾的"归谬法"（*reductio ad absurdum*），其类似的做法见《神学论文集》第三篇（本书第 44 页）以及《哲学的慰藉》第五卷，第 III 节（本书第 374 页）。

虽然有许多的强大武器足以来杀伤和摧毁聂斯脱利的观点，不过，我们暂且还是满足于从大量有用的论据中所选出的这一小部分吧。

V.

现在，我该来谈谈优迪克了。这位优迪克违背了自古以来的传统，独行其道而陷入正好相反的谬误之中①，他主张，我们不应相信基督具有双重的位格，甚至也不应该承认什么双重的本性。他认为，人性在被采纳时，其与神性的合一就已经包含属人的本性之消失。他所犯的错误跟聂斯脱利所犯的错误，有着相同的根源。因为，正如同聂斯脱利认为，除非位格也是双重的，否则不可能有什么双重的本性，因此，既然承认基督有着双重本性，故而迫不得已地相信位格也是双重的。同样，优迪克也认为，除非位格是双重的，否则，本性就不是双重的，而既然他并不承认有什么双重位格，故而他认为，本性理所当然也应该被认为是单一的。这样，聂斯脱利正确地主张基督的本性是双重的，但又渎神地宣称基督有两个位格；而优迪克虽然正确地相信位格是单一的，却又不敬地相信本性也是单一的。然而，事实非常清楚地表明，上帝的本性不同于人的本性，他明知这一点是无可反驳的，因而宣称他的信仰：在合一之前，基督有两个本性，但在合一之后，就只有

---

① 教会在把这两个正好相对立的理论一并严加驳斥后采取了居于两者中间的道路（via media），在某种程度上应归因于亚里士多德和本书的作者。

一个本性了。不过,这样的声明并没有清楚地表达他的意思。还是让我们仔细研究他的狂妄之谈吧。显然,这样的合一,或者发生在受孕的那一刻,要不然,就是发生在复活的那一刻。然而,如果是发生在受孕的那一刻,那么,优迪克似乎会认为,即使在受孕之前,基督也已经具有了属人的肉体,而这属人的肉体并不是得自马利亚,而是以某种另外的方式给准备好了的,童贞女马利亚 102-103则被引来生养出原本并非来自于她的这个肉体。优迪克似乎认为,这个原本就已经存在着的肉体,先前是跟神性之实质分离开来的,而在基督由童贞女生养时才跟上帝合一的,从而其本性就成为单一的了。或者,倘若这并不是他的观点,那么,既然他说在合一之前有两个本性,假定在受孕时成就了合一,即在这合一之后就成为一个本性,这样的话,也许他的观点就变成:基督确实从马利亚那里获得了一个形体,但在他获得这个形体之前,神性与人性这两个"本性"是不相同的,而在这个形体进入神性之本性之中后,就与其合而为一。然而,如果他以为这样的合一并不是由受孕而形成,而是由复活而形成的话,我们就不得不假定这是以如下两种方式之一来完成的。其一,基督被受孕但并不是从马利亚那里获得一个形体;其二,基督确实从马利亚那里获得了一个形体,而在他升天之前,一直有着两个本性,直到复活之后,这两个本性才合而为一。从这两种方式之中产生了一个两难困境。下面我们就来谈谈这个问题。由马利亚所生养的基督,究竟有没有从她那里获得属人的肉体。如果优迪克不承认基督从她那里获得了肉体,那么,请他说说,基督取得了什么样的人性降临到我们中间——是那个由于人类始祖罪恶的违逆而陷于堕落的人性还是另外的什么人性呢？如果那就是人类始祖的人性，那么，神性去加以覆盖的又是什么样的人性呢？因为，如果基督被诞生于其中的那个肉体并非来自于亚伯拉罕和大卫乃至马利亚的种系，那么，请优迪克告诉我们，既然自从人类始祖以来一切属人的肉体全都来源于属人的肉体，那基督又是从什么人的肉体那里传下来的呢？但是，如果他将童贞女马利亚之外的任何一个人的孩子都认为是受孕于救主，那他就是在自欺欺人了。上帝在原先晓谕亚伯拉罕和大卫的圣言中曾立下许诺①，即将有他们的后代起来拯救全世界，而且，如果要采纳属人的肉身，这肉身不可能来自于其他任何人，而只能由上帝受孕生养。所以，如果说基督的属人的形体并非产自于马利亚，而是另有来源，但那由于人类始祖的违逆而被败坏了的东西，却是通过马利亚而被生养，这样一来，优迪克就自己驳倒自己了。但是，假如基督并没有采纳那种替罪受罚而忍受死亡之苦的人性，那么，其结果就是，会有这么一个并非作为人的后裔的人，他可以像基督那样不因为原罪而受罚。如此的话，基督的肉身并非来自于某个人，而似乎是特意新造的。可是，在人眼看来，这个肉身只是形体上被认为与人一模一样，但实际上却是非人的，因为它用不着承受一切原初的惩罚，但如果不承受原初的惩罚，这个肉身虽说是真正的肉身，却是某种全新的肉身，是作为权宜之计而做成的，不必为原罪而受罚。难道会是如此吗？如果这个肉身并非真正属人的形体，那么，显然就是宣

①　波爱修斯使用这一类论据，可以大大减轻由于他使用了比喻性的解释而引起的对本书第四篇论文的真实性的怀疑。同时，请注意，在《哲学的慰藉》中也是以比喻来筑成整个架构，并且在各个细节上都自由地运用了比喻方法。

104-105

称上帝在说谎,认为上帝展示给人们的并非真正的人体,是在欺骗那些信以为真的人。然而,如果这肉身虽然是真实的,却是新造的,并非是从人里面采纳而成的,那么,受孕而生这样巨大的悲剧又是为了什么目的呢?基督那漫长的受难,其价值何在呢?即使是人所做的某件无用的事情,我也会觉得十分愚蠢。而正因为他们否认会有这样的结合,因此,如果那业已堕落了的人并未由于基督的受孕和受难而得到救赎,那么,我们还有什么必要再来谈论神性在此遭受的莫大羞辱?而且,正因为优迪克犯错误的根源与聂斯脱利一样,故而,二者所达到的目的也是同样的。按照优迪克的观点,凡是生病的人和凡是需要得到康复和拯救的人,都没有被结合进神性中去,所以,人类同样也没有得到救赎。[①]其实,如果说他竟然已经谬误到相信基督的身体并非真正来自于人,而是来自于人以外的某个来源,是专门为了天上的目的而准备的,而且相信基督已经带着这个身体升到天上去了,那么,看来他确实已经得出上述结论了。综上所述,正确的结论应该是:除了那原本就是从天上降临下来的基督之外,并没有其他任何东西升到天上去。

VI.

关于那种据称基督所接受到的身体并非来自于马利亚的假设,我相信我已经谈论得够多了。但是,如果认为这个身体是从

---

① "归谬法"(*reductio ad absurdum*)或者"归罪法"(*reductio ad impietatem*),可参见本书第 98 页的注释②.

马利亚那里得到的,并且,属人的本性与属神的本性就此不再完整地延续,那么,这势必采取如下三种方式中的一种:或者神性转变成为人性,或者人性转变成为神性,或者,二者都发生了变化而混合到一起,二者的实质都不再保留其原有的样式。但是,如果说神性转变成为人性,那是我们的信仰禁止我们这样去相信的事情,这样,人性继续保持其原有的实质,而神性发生了变化,原来按其本性而言无常多变的那一方,现在却保持不变,而我们坚信按其本性而言恒定不变的那一方,现在却变成多变的了。任何推理也不可能得出这样的结论。不过,也有人觉得,属人的本性似乎偶尔也会变化成为神性。但是,如果在基督受孕之际,神性同时接受到了属人的灵魂与属人的身体,那么,这样的事情怎么可能发生呢?事物是不可能随意地变来变去的。因为既然有一些实质是有形的,而另一些实质是无形的,那么,一个有形的实质绝不可能变成一个无形的实质,一个无形的实质也不可能变成一个是为形体的东西,同样,无形的实质之间也不可能互换其各自特有的形态。因为能够互相交换和转化的,仅仅是那些具有同一物质的相同基质的事物,而且,也不是那些事物全都可以如此,而只有那些可以相互作用的事物才可以如此。其证明如下:青铜不可能变成石头,也不可能变成青草,而且,一般地说,没有什么物体可以变成另一个物体,除非是那些具有相同的物质和可以相互作用的互通的事物,例如,当酒和水混合在一起的时候,它们都具有可以交互发生作用和影响的一种本性。因为水的质可以在一定程度上受到酒的质的影响,相类似的,酒的质也可以受到水的质的影响。所以,如果是有很大量的水和很少量的酒,那么,就不会说它们是混合在一起,只是其中一个被另一个的质所破坏。因为,如果你把酒倒进大海里,那就不是酒跟大海相混合,而是酒丧失在大海里,这仅仅是由于超量的水的质绝不会受到酒的质的影响,倒是由于它的超量而将酒的质改变成为水了。但是,如果可能交互发生作用和影响的两种本性有着恰当的比例关系,等量或者大致等量,那么,它们彼此之间就真正被对方的适当比例的质所混合了。在某些形体而非一切形体那里,确实是如此的,正如前文所说,只有能够交互发生作用与影响,并且,取决于其质的物质是相同的那些形体,才是如此。因为一切有生有灭的形体,似乎都拥有相同的物质,但是,并非一切形体都能够交互发生作用和影响。不过,有形的东西无论如何也不可能转变成无形的东西,因为它们没有共享任何相同的作为基础的物质,因而不可能通过受纳各自对方的质而转变为各自的对方。因为任何无形的实质,其本性都没有常驻在某个物质基础之上;可是,没有任何形体会不具有作为基质的物质。既然如此,并且,既然说即使那些就本性而言具有相同物质的事物,也只有在它们具有施加作用于对方和从对方受纳作用的能力时,才有可能互相转换,就更不用说那些既不具有相同物质而又实质上各不相同的事物了,它们更是无可互换,因为二者之一,作为形体,乃常驻在某个物质基础之上,而另外一个,作为无形的东西,不可能需要某个物质的基质。

所以,某一个形体不可能被转变成某个无形的种属,同样,无形的东西也绝不可能通过任何混合过程而彼此互相转换,因为凡不具有相同物质的那些事物,它们是不可能互相转换的。然而,

110-111

无形的东西并没有什么物质，因此，它们绝不可能转换。但是，大家都相信，灵魂与上帝都确实是无形的实质，因此，属人的灵魂尽管被神性所受纳，却并没有被转变成神性。可是，如果说形体与灵魂都不可能被转变成神性，那么，人性就绝不可能被转变成上帝。不过，说二者会混合在一起，就更不足信了，因为既为无形，就不可能变为有形；反过来，既为有形，就不可能变为无形，其原因在于，它们没有什么相同的物质来支撑它们，不然的话，就可以由两种实质之一的质去改变另外一个的质。

然而，优迪克一派的人说，基督确实包含有两个本性，但并不存在于这两个本性之中，这意思就是说，毫无疑问，某一个包含有两个要素的事物，据说会让这两个要素都消失而成为一个要素。举例来说，当蜜和水混合起来时，二者就都没有了，即一个事物通过跟另一个事物结合以后会产生出第三种事物，这样，蜜和水结合以后所产生出来的第三种事物，据认为既包含这二者，但又并不存在于这二者之中，因为只要这二者的本性已经不再存在，那么，它就不可能仍然存在于这二者之中。因为即使它所由以组成的那两个要素都各自被对方的质所破坏，它还是可以包含这二者；但是，正因为那两个要素都已经各自进入到对方之中发生了变化而不再继续存在，它也就不可能再存在于原样的这两个本性之中，而且，正因为它所由以组成的那两个事物，由于其质的变化而互相向对方转化，它那似乎由以组成的两个要素，也就不复存在了。

然而，天主教合乎理性地对这二者均予以承认，认为基督既是由这两个本性所组成，而且又存在于这两个本性之中。至于这

个说法是如何得到确认的，我稍后加以解释。有一件事情，现在
已经很明白了。优迪克的观点已经被驳倒了，其根据就在于：虽
然说有三种方式可以使得两个本性变成一个本性，即或者是神性 114-115
转变成人性，或者是人性转变成神性，或者是这二者合成到一起，
然而，前面所做的一系列推理已经证明，这三种方式中任何一种
都是没有可能性的。

VII.

现在我们要说明的，就是按照天主教的信仰，基督如何既存
在于这两个本性之中而又包含这两个本性。

说某个事物包含有两个本性，包含两个意思。其一，当我们
说有任何一个事物是两个本性例如蜜和水的结合时，这样的结合
意味着在发生组合的过程中那两个要素复合在一起，或者其中一
个本性转化为对方另一个本性，或者二者混合到一起，而原先的
那两个要素完全消失。按照优迪克的说法，这样的方式就是基督
得以包含两个本性的方式。

另一种方式也可以使一个事物包含有两个本性，那就是，事
物由两个要素组成，它的据称已被组合起来的两个要素仍旧继续
存在，并没有彼此向对方转化，例如，我们会说一顶皇冠包含有黄
金和宝石。在此，黄金没有变成宝石，宝石也没有变成黄金，二者
都没有放弃它们各自特有的形态而继续存在着。

类似这样的一些事物包含多个要素，我们也说它们是存在于
它们所包含的那些要素之中。因为在这种情况下，我们可以说一

顶皇冠包含有宝石和黄金,那是由于皇冠是由宝石和黄金组成

的。而在前一种合成的模式中,蜜和水并不是二者结合后所产生的结合体所包含有的。

那么,既然天主教信仰承认这两个本性都继续存在于基督之中,它们都完整地保留着,并没有发生互相转化,因此,天主教信仰有充分的理由说,基督既存在于这二者之中,同时又包含这二者。说存在于二者之中,是因为这二者都还继续存在着;说包含这二者,是因为基督的单一的位格乃由这两个继续存在着的本性结合而成。

不过,天主教信仰对于基督由两个本性所形成这一点所持的态度,并非优迪克加在这上面的那种意思。因为他对这两个本性的结合所做的解释,使他不可能承认基督存在于这两个本性之中,也不可能承认这两个本性继续存在着;而天主教信仰对基督包含这两个本性所做的解释,虽然跟优迪克所做的解释有些相近,然而,天主教信仰所做的解释,同时又承认基督存在于这两个本性之中。

所以,"由两个本性组成"是一种模棱两可的说法,或者,毋宁说是一种语义双关的说法,其描述的是两件不同的事情。根据其中一种解释,被认为已经组成为一体的那两个实质,不再继续存在。而根据另一种解释,由两个本性所产生的结合体让那两个本性继续存在下去。

一旦这个产生怀疑或模糊的结给解开,就没有任何东西可以动摇天主教信仰的纯真而坚实的内容了,即同一位基督既是完善的人,又是完善的上帝,而那位既是完善的人又是完善的上帝的

基督，是单一的上帝和人子；并不会因为将属人的本性加给完善
的神性而形成什么四位一体，而是同一个位格成全了三位一体的
数目，从而，虽然受难的是人性，不过，可以说是上帝受难，并非由
于变成神性的人性，而是由于那正在被神性所采纳的人性。并 118-119
且，作为人的基督，他之所以被称为上帝的儿子，所依据的并非属
神的实质，而是属人的实质，而后者依旧是在两个本性的合一之
中才与神性相结合的。虽然在人的想象之中能够让人性与神性
分开来和合起来，然而，那完善的人与完善的上帝是合而为一的：
说他是上帝，因为他是受孕于天父的实质；而说他是人，因为他是
由童贞女马利亚所生养。再进一步说，之所以说作为人的他是上
帝，就在于人性是被上帝所采纳了的；而之所以说作为上帝的他
是人，就在于上帝是以人性为外衣的。虽然在这同一个位格之
中，受纳了人性的神性，不同于神性所受纳的人性，但上帝与人是
同一的。因为如果你想到的是人，那么，人与上帝是同一的，就本
性而言，那是人，而就受纳而言，那就是上帝。在基督那里，本性
是双重的，而实质也是双重的，因为基督是"神人"，而他又是单一
的位格，因为人与上帝是同一的。这样的说法处于两个异端之
间，就如同各样的德行也都保持着中间的位置一样①。因为任何
德行，都在两个极端之间保持着道义上的不偏不倚。而如果高于
或低于它现在所处的位置，就不成其为德行了。所以说，德行保
持着一个中间的位置。

　　有下列四种说法：像聂斯脱利所说的，认为基督里面有两个

---

　　①　见本书第 100 页的注释。

本性或者两个位格；像优迪克所说的，认为有一个位格和一个本

性；或者，像天主教信仰所信的那样认为有两个本性，但只有一个
位格；或者，认为有一个本性和两个位格。我们在反驳聂斯脱利
时，已经驳斥了那种认为有两个本性和两个位格的学说，而且还
附带指出，优迪克所主张的一个位格和一个本性的说法，也是根
本不可能的。此外，绝不会有人癫狂到会相信，基督的本性是单
一的，而他的位格却是双重的。综上所述，如果上述四种说法都
表述正确的话，那么，必定只有天主教的信仰所信奉的那个信条才
是真实的，即本性是双重的，而位格是单一的。不过，正像我刚刚指
明的那样，优迪克承认，在合一之前，基督是有两个本性，但在合一
之后，就只有一个本性了，而我已经证明，在这个错误下面，潜伏着
两个正好相反的观点，其一认为，虽然那属人的形体当然并非是从
马利亚那里获得的，但这样的合一，还是在受孕之中完成的；其二则
认为，从马利亚那里获得的形体，通过"复活"而成为这种合一的一
部分。而我自己认为，我已经充分全面地论述清楚了这个问题的两
个方面。现在我们要来研究的是，这两个本性是如何合成为一个实
质的。

VIII.

然而，还是有一些人会提出另一个问题。他们并不相信那属
人的形体是从马利亚那里获得的，他们认为这个形体是以某种另
外的方式单独给准备好的，它似乎是在合一的那个瞬间受孕并从
马利亚的母腹中生养出来。他们说：从人类始祖的第一次违逆开

始,无论哪一个人,他不仅受到罪孽和死亡的奴役,而且还陷入在种种罪恶的欲望之中,尽管他已经无法摆脱死亡的锁链,但他还是由于怀有犯罪的欲望而成为有罪,使他要为自己的罪孽受到惩 ₁₂₂₋₁₂₃罚,如果是这样的话,那么,为什么在基督那里既没有罪恶也没有犯罪的欲望呢?这样一个引起怀疑的问题,很值得加以重视。因为,如果假定基督的形体来自于人的肉体,那么,值得怀疑的是,究竟来自于什么样的肉体呢?

其实,基督所受纳的人性,同样又得到了他的救赎。但是,如果他所受纳的人性,是如同亚当在犯罪之前所具有的那个人性,那么,似乎他实际上是受纳了一个完善的属人的本性,但是,这样的人性就不需要什么救治了。然而,当亚当已经有了犯罪的愿望和欲望,而且,甚至在上帝的诫命已经遭到破坏以后,他还仍旧迷恋于违逆的罪恶,这时亚当所具有的人性,难道能够是基督所受纳的吗?可是,我们相信,在基督那里绝不会有任何犯罪的愿望,尤其是假如他所受纳的是亚当在犯罪之前所具有的那种属人的形体,那他就是不会死的,因为倘若亚当没有犯罪的话,他无论如何也不会去承受死亡之苦。那么,既然基督绝没有犯过罪,必定有人会问,如果他所受纳的是亚当在犯罪之前所具有的形体,那他为什么还会遭受死亡之苦呢?然而,如果他所接受的是像亚当在犯罪之后那样的人间状况,那么,基督似乎就不可能免于犯罪,就会受种种情欲的困惑,并且,因为正义没有得到伸张,从而缺乏明辨是非的能力,而这正是由于亚当自从违逆上帝以后就导致所有这一切罪有应得的惩罚。

对于这些人,我们必须这样来回答①,即可以设想人有三种状态:其一,亚当在他犯罪之前所处的状态,处在这种状态时,虽然可以免于死亡,并且,还没有遭受到任何罪孽的玷污,但是,在他内心里,可能已经有了犯罪的愿望。其二,假如他所选择的是坚定地遵守上帝的诫命,那他就经受了变化,他就不但领受到使他不去犯罪或者根本就没有意愿去犯罪这样的恩赐,而且,根本不可能去犯罪或怀有越轨犯罪的愿望。其三,亚当犯罪之后的状态,人在死亡、罪孽和犯罪的欲望的驱使之下,势必会进入这样一个状态。这三种状态存在着极大的差异,其主要的差异就在于:如果亚当所选择的是遵守上帝的律法,那他就会得到奖励,这是其中一种状态;如果他不遵守上帝的律法,他就受到惩罚,这是另一种状态;在前一种状态中,没有死亡,也没有犯罪,而且也没有犯罪的欲望;而在后一种状态中,既有死亡,又有犯罪,还时时有越轨犯罪的欲望,普遍地一步步趋于沉沦,自从人类始祖堕落以后,已经处于无法自拔的无助状态之中。但是,那个中间的状态,虽然在此并没有真实的死亡或犯罪,但还存在产生这二者的潜在势力,因而,它居于上述那两个状态之间。

可见,这三个状态中的任何一个,都以某种方式向基督提供一个可以使他的有形的本性得以存在的理由。然而,为了将死亡从人类驱逐出去,他受纳了一个会死的形体,那正好是在亚当犯罪以后通过惩罚的方式施加于人的那种状态,尽管在基督那里根本就没有什么犯罪的欲望,似乎倒应该属于另外的一种状态,即

① 这样的应答方式,具有真正的托马斯主义的回响。

倘若亚当当时并没有屈服于诱惑者的诡计而会处于的那种状态。这样，剩下的就是第三种状态，或者说，那中间的状态，指在还没有死亡之前，但犯罪的欲望也许还是可能有的那种状态。因此，在这个状态下，亚当能吃能喝，也能够消化他所吃的食物，能躺下睡觉，也能够实施凡是属于他这个人所应有的其他一切功能，不过，这一切都不会给他带来死亡的痛苦。

126-127

　　毫无疑问，在各个方面，基督对此都是适应的：他又吃又喝，他也履行人体的身体功能。因为我们不应该认为亚当从一开始就有那种不吃就无法生活下去的需求，倒不如说，倘若他是从每一棵树上来取得食物的话，那他也许就可以永远存活下去，他也许就可以靠这样的食物而免于死亡；因而，他是靠伊甸园中的果子来满足某种需求①。而大家都知道，在基督那里，也有同样的需求，可是，那是处在他的权力之下，而不是外加于他的。基督在复活之前有这样的需求，但是，在复活之后，他的属人的身体已经发生了变化，就如同亚当如果不违逆上帝可以成为的那样。而且，这样一种状态，我们的主耶稣基督他自己就教导过我们，希望在我们祈祷的时候请求他的旨意行在地上如同行在天上，愿他的国降临，求他救我们脱离凶恶。* 因为所有这些事情，都是那些怀有纯真信仰的家庭成员在他们的祷文中所祈求的，而他们将来肯定

---

　　① 亚当当时并非为了活下去而需要吃东西，然而，如果他不吃东西，那他也许就会感到饥饿。如此等等。

　　* 这来源于有名的"主祷文"，有长短两处，分别见于《马太福音》，第6章，第9—13节和《路加福音》，第11章，第2—4节。——译注

会经受那最福乐的全新改变。①

　　我就写这些，为的是告诉您，我所信仰的是什么，我也希望大家都会这样信仰。如果我有什么说错的地方而可以得到明智的指教，那我将无法抑制住我内心的欢乐。因为如果我们根本就乏善可陈，那我们也就无从设想我们的观点中会有些什么了。然而，基督是唯一的善，而如果凡从基督那里来的都是善的话，那么，由那亘古不变的善以及一切善之原因所述说的，就更应该被认为是善了。

---

　　①　整个这一段话，都可以原模原样地放到第四篇论文中去。

哲学的慰藉

《哲学的慰藉》第一卷

I.

往昔我曾满怀豪情地吟诗高歌，

　　如今却要愁肠寸断地倾诉哀情。

愁容满面的诗神萦绕在我脑海，

　　驱使我双颊挂满了真情的泪珠。

在我那孤独而困乏的路途上，

　　已经再也感受不到任何的恐惧。

年轻时艺术曾给我喜悦与荣誉，

　　那才是如今年迈潦倒时的慰藉；

愁苦的岁月转眼把我推入老年，①

　　我那饱经沧桑的年月不堪回首。

如今的我已经早早地白发苍苍，

　　干枯的皮肤贴在垂死的肉体上。

---

① 字面意思："愁苦催促老年悄然来临，祸患命令它的年岁强加到我的头上。"

生活甜美之时我但求远离死亡，

　　到痛不欲生时才渴望以死解脱。

可惜死亡不理会困苦者的哀求，

　　它不屑于把哭泣的眼睛闭上。

变幻莫测的命运曾假意戏弄我，

　　其实那时早已种下了我的祸根。

如今它已沉下它那狡诈的面容，

　　听任我的悲苦年月日复又一日。

友人们为何那时盛赞我的幸运？

　　须知跌倒的人从来就未曾挺直。

I.

在我独自沉思这些事情，并且决定把我的苦衷书写出来的时候，我似乎看到在我的头顶上站立着一位神色凝重的妇人，她的双眼炯炯有神，目光犀利；她的脸容是那么的鲜艳和生动，但又显示出她属于离我们很久远的那些年代；她的身高显得无可捉摸，有时她并没有超出常人的高度，但有时她的头顶似乎已经顶到了天上，而且，要是她把头抬高的话，似乎就会刺破诸天，便没有人能看得到她；她的衣服（据我后来听她亲口讲述），是她亲手缝制的，用的是最好的面料，经过她的精工细作而成。看得出来，由于不那么刻意经心，这些衣服已经有些陈旧褪色了，就好像挂在烟雾弥漫的房间里的画像一样。在衣服的下边，是希腊字母Π，衣服的上边则是希腊字母 θ[①]*，而在这两个字母之间，以阶梯的形式形成了一些等级，借以从下边的字母通到上边的字母去。曾有人粗暴地从她的衣服上撕下过一些小片。她的右手拿着几本书，她的 132-133 左手握着权杖。

　　这位妇人，她看到有那么一些缪斯诗神围在我的床边，口中说着使我越益伤感的言语，激动了起来，发出了愤怒的责骂："是谁让这些哭丧着脸的荡妇对着这个病人演戏呢？那不仅不是设法治疗和抚慰他的悲伤，反而是在用浸了糖的毒药去助长他的悲伤。她们这些荡妇，是在用情感这种结不出果实的荆棘去毁坏理性的丰硕成果，她们不是在治疗人们的心灵，而是让人们的心灵苟且于疾病之中。可是，倘若你们的谄媚的确会使我们像通常那样摆脱某些亵渎上帝的俗夫[②]，那我也许就不应该把这事看得那么严重了，因为我们不至于因此而遭受损害。但你们有没有真正理解这位自幼对埃利亚派和学园派[③]悉心研究的学者呢？还是滚开去吧，你们这些诱人堕落的海妖，还是让我自己的那些缪斯来医治他吧。"

　　那一伙就这样羞惭满面地低着头忧伤地离开了。但泪水模

---

　　① 参见 est enim philosophia genus，species uero eius duae，una quae θεωρητικη dictatur，altera quae πρακτικη，id est speculatiua et actiua。见波爱修斯，*In Porph. Dial.*，i。

　　* Π是希腊文中"实践"一字的开首字母，而 θ是"理论"一字的开首字母。——译注

　　② 对庸俗民众的蔑视多次出现在《神学论文集》中，例如，第一和第四篇论文（本书第 4 页和第 74 页）。

　　③ 埃利亚学派（Elea）的芝诺（Zeno）发明了辩证法。柏拉图是第一个在学园（Academia）发表哲学演说的人。

糊了我的眼睛,我对眼前的这位妇人感到捉摸不透,只觉得她是
那么的盛气凌人,使我感到惊讶,我低下了头,默默地等候着看她
接下来还要做些什么事情。只见她向我靠近过来,坐到我的床脚
下,注视着满脸愁容的沮丧的我,然后她用如下的诗句来诉说我
内心的委屈。

II.

134-135 　　啊,你那迟钝的心灵竟出乎意料地

　　　　深深陷入悲哀的深渊之中而黯然失色,

　　　　它一下子淹没在黑暗之中,

　　　　种种的忧虑如同骤风暴雨席卷而来。

　　　　但他这人,以前曾自由地在广阔的天空中翱翔,

　　　　他,经常在天路上来来往往,

　　　　焕发出了阳光的灿烂光辉,

　　　　又记录下了月色的冷凝;

　　　　他,曾经大胆地在诗歌中探索那

　　　　星空中众多天体和星球的运行,

　　　　他,也曾经不止一次地讲述

　　　　为何海洋中会有狂风怒吼,

　　　　又是什么样的精灵在改变着世界原有的框架,

　　　　以及为什么太阳在东方冉冉升起,

　　　　然后又消失在西方的波浪之中,

他，曾探究是什么样的力量使得春意盎然，

促使春天里万物繁茂气象万千，

而春天的礼物正是秋天的硕果丰收，

是他，讲述了那么多大自然的秘密，

但他，现在却套着笨重的铁链躺下了；

他沉重地低下了头，

被迫成天去凝视那肮脏的泥土。

II.

她说道："不过，现在不是唉声叹气的时候，恰好是治疗疾病的好时机。"她用恳切的眼光看着我，说道："想一想，难道你不是一直由我们喂养长大，才有了如此显赫的地位吗？不过，我们又给了你一些武器，只要你不把它们抛弃掉，你就会使得你自己变得常胜不败。你还不了解我吗？为什么你沉默无言呢？是出于羞愧还是出于麻木呢？我倒宁可你是出于羞愧，可是我却感到你是出于麻木。"她看到我不仅沉默无言，而且简直是哑掉了，就把手轻轻地放到我的胸前，说道："没有什么危险；他是患上了嗜睡症，那是所有遭受过欺骗的心灵的通病；他现在一时有些忘记掉了自己，但只要他认识了我，就很容易又恢复记忆。为此，让我们擦亮他那被世俗事物蒙蔽了的眼睛吧。"这样说了以后，她就用她的衣角来擦拭我那充满着泪水的眼睛。

136-137

III.

黑夜就如此离我而去，

　　我的双眼又明亮如前，

尽管星空中疾风驱云，

　　狂风暴雨将晴空覆盖，

尽管天昏加之以地暗，

　　众星辰齐多黯然失色，

但只要北风之神吹起，

　　日月即刻会重放光芒，

太阳神重新普照大地，

　　耀眼光辉又擦亮我眼。

138-139

III.

　　这样一来，我的悲哀就消解了，我重新又恢复了理智，我认清了是谁拯救了我；我定睛注视着她，我发觉，是那从我年轻时开始使我一直在其中得到培育的哲学，我说："哦，您这位集一切美德于一身的女主人，为什么要从天上降临到我们这个与世隔绝的陋室里来呢？难道您也甘愿与我做伴来忍受冤屈吗？"

　　她回答："我的信徒，我明知你所担负的重担，是因为有人憎恨我的名字而加在你头上的，难道我会抛弃你而不替你分担吗？可是，哲学绝不会认为让无辜者承受困苦是合法的。难道我会害怕哪怕是层出不穷的任何诬陷吗？恶人加害于智者，难道你认为这是第一次吗？在古代，还在我们的柏拉图时代之前，我们不是经常要跟愚蠢之辈的草率行事较量吗？而且，在他生活的年代里，他的老师苏格拉底，难道不是在我在场的时候光彩地经历了一场不公正的死亡吗？而他死后，那些伊壁鸠鲁派、斯多葛派等派别的人，都为各自的派别设法去争夺他的遗产，而恰恰让我充当了他们的战利品，不管我大声疾呼地表示反对，他们还是极力要把我拉到他们那边去；他们撕坏了我亲手缝制的衣服，拿到了其中的一些碎片，就自以为已经占有了我，就这样离我而去。他们中的一些人，凭着我衣服上的某些标记出现在他们身上，就草率地认作是我的亲密朋友了，而同样，也由于愚昧民众的偏见而身败名裂。

　　但是，如果你没有听说过阿那克萨戈拉遭放逐，没有听说过苏格拉底的被毒死，也没有听说过芝诺的受刑，那是因为他们都 ₁₄₀₋₁₄₁ 是外国人，那么，你一定听说过卡纽斯（Canius）①，听说过塞涅卡，听说过索拉努斯（Soranus）＊，他们对他们都还记忆犹新，而使他们遭受厄运的唯一原因，就在于他们接受的全是我们的教育，他们全都不合那些邪恶者的性情。如此说来，如果我们在今世的海洋中遭遇到惊风骇浪，只要我们的主旨是去抵制邪恶者，那我们

────────────

　　①　关于斯多葛派的卡纽斯，可参见塞涅卡的《论平静生活》（De Trang.），xiv. 4—9。关于索拉努斯，参见塔西佗的《编年史》（Annal.），i. 16。

　　＊　阿那克萨戈拉在公元前约450年被驱逐出雅典，苏格拉底于公元前399年被执行死刑，芝诺在公元前约440年被埃利亚的暴君施以酷刑，卡纽斯于公元40年左右被罗马暴君卡里古拉处死，塞涅卡于公元66年在罗马暴君尼禄命令下自尽，索拉努斯于公元66年被尼禄处死。——译注

就丝毫也不用大惊小怪；邪恶者哪怕有一支庞大的军队，也是无济于事的，因为这支军队并没有什么好的统帅，只是一群乌合之众而已。任何时候，当他们花大力气进攻我们的时候，我们的统帅就率领他的部队退到一个城堡里去①，让他们去攫取一些无用的废物。这样，我们可以在一旁讥笑他们如此贪婪地去追求那些最讨厌的东西，而我们自己就可以免于遭受他们猖狂的攻击，我们处身在坚固的城堡中，那是那些野心勃勃的敌人所无法攻破的。

IV.

一生处变不惊的能者，

　　必能压服倨傲的命运；

不管遇上幸运或厄运，

　　自能悠闲地从容不迫；

汹涌波涛如暴叫怒吼，

　　休想惊动他一分半毫，

维苏威火山发威施虐，

　　熊火巨岩也毫不惊心，

轰轰巨雷将塔顶摧毁，

　　任其凶猛却不致沮丧，

暴君们固然穷凶极恶，

142-143

----

① 参见 *arce religionis nostrae*，Tr. iv.（supra，p. 54）。

又何以胜过骇浪烈火？

不患得也不患失，

　诸般刑苦必自行消退。

但人若沉迷上下得失，

　缴械投降而甘为奴仆，

必将落得全线崩溃，

　紧缚双手而甘作刑因。

IV.

你明白这些事情吗？"她说："它们在你心中留下深刻印象了吗？难道你'就像一头听不见美妙琴音的耳聋的驴子'吗？你为什么要哭泣呢？你为什么要痛哭流泪呢？把你的痛苦说出来吧；不要隐瞒你自己的想法①。如果你希望得到救治，就必须看清你的创伤所在。"②

然后，我振作了起来，这样回答她："难道还用得到我对命运的反复无常再做进一步的解释，或者说，难道命运的反复无常表现得还嫌不够充分吗？这个地方的样子不是使你有所感触吗？你自己曾经在我的居所中选定了那个书斋，在那里你我可以不时地探讨天上和人间的知识，难道在这里也能够如此吗？我曾经跟你一起探索大自然的奥秘，你曾经用你那根杆杖对我描绘过星辰

---

① 荷马，《伊利亚特》，i. 363。

② 参见波爱修斯《神学论文集》中的《反对优迪克和聂斯脱利》："不坦白承认自己的无知，只会使无知变本加厉。"

的运行,你也曾经要求我循照天体秩序的样式来规范我的言谈和我一辈子的生活方式,那时,我该不会像现在这样衣衫褴褛和满面愁容吧?难道这一些都是你的顺服的仆人所应得的回报吗?可是,你明明借柏拉图之口下达过这样的判决:要使得各个城邦幸福,就应该让有智慧的学者去统治它们,或者,让那些被委任来统治它们的人去学习智慧。① 你曾经借这位哲学家之口告诫我们,智者足以有能力来掌管城邦,除非这些城邦的大权已经落入那些卑劣邪恶的公民之手,而他们是千方百计地要颠覆善的东西的。

144-145

为此,遵照这样的观点,我希望把我私下从你那里学到的执行政事的思路付诸实施。你,以及把你植入智者心灵之中的上帝本身,可以为我作证,证明促使我去从政的,不外是一切善良的人所共有的那种愿望。而这正是我与那些邪恶者水火不相容的道理所在,从而,为了维护正义,我要保持良心的自由,敢于藐视权势者们的敌意。

在康尼加斯图斯蛮横地侵夺穷苦人的财物时,我曾多少次跟他顶撞啊!当特立贵拉这位宫廷总管图谋做伤天害理的事情时,我曾多少次去加以制止啊!* 在那些野蛮人贪得无厌地烦扰那些可怜的弱者时,我曾多少次不顾个人安危得失而极力保护弱者啊!谁也不曾使我脱离正道而误入歧途。看到那些受苦受难的人们的财产受到掠夺和重税的双重迫害,我为此感受到的痛苦并

---

① 柏拉图,《理想国》,v.473。

* 康尼加斯图斯(Conigastus)和特立贵拉(Triguila)是那时的罗马皇帝哥特人狄奥多里克(Theodoric)的宠臣,他们依仗权势欺压百姓。——译注

不比他们少。

在那大饥荒的年代里，物价飞涨，坎帕尼亚（Campania）省几乎陷于崩溃，为了公众的利益我不得不起来跟首席执政官抗辩，事情放到了国王面前进行讨论，而我取得了胜利，制止了事态的恶化。有一些贪婪成性的宫廷大臣正在图谋侵夺一位当过执政官的叫作保林努斯（Paulinus）的人的财产，是我把他从虎口中救了出来。还有一位也当过执政官的叫作阿尔毕努斯（Albinus）的人，当时正被错误指控犯有莫须有的罪名，也是我挺身而出，我却因此得罪了指控他的那位西珀利安（Cyprian）。我是不是树敌过多了呢？可是，由于我对正义的热爱，我在大臣中很少能得到帮助，原本希望能得到的安全也得不到了。那么，究竟是谁的告发使我遭受这样的打击呢？就有那么一些人，他们很久以前把巴西留斯（Basilius）逐出了宫廷，现在却迫使这位债务缠身的人来告发我。同样的还有奥匹利奥（Opilio）和高登修斯（Gaudentius），他们以前由于犯下种种罪行而由皇帝下令予以放逐，而他们又不肯服从，竟躲进圣所里面去，皇帝知道后，下令除非他们在几天内离开拉韦纳（Ravenna）城，否则就要在他们前额打上烙印后强行驱赶出去。难道这还不够严厉吗？然而，在那一天，他们却告发了我，而且这告发竟然被接受了。这里面是什么缘故呢？难道是我罪有应得吗？不然就是事先已经罗织好了罪名，恰恰让他们来当告发者。即使不说是无辜者在遭受不白之冤，单就竟然让这样一些卑鄙无耻的人作告发者这一点，难道不是已经使命运蒙羞了吗？加到我头上的，究竟是怎样的罪名呢？你想不想听一听呢？他们说我是在维护元老院。你想知道那是怎么一回事吗？对我的责

146-147

148-149 备是,我阻止他们的告发者提出证据去证明元老院在谋反。

哦,女主人,你是怎么想的呢? 难道我应该否认这样的指控,以免让你为难吗? 可这是真的,我的确维护了元老院,我也决不会不去维护它。难道我应该为此忏悔吗? 那我当时就没有必要去阻止他们的告发者了。难道我应该认为我想维护元老院的秩序是一个罪过吗? 实际上,根据他们对我所做的判决,连元老院也认为那是罪过。可是,那些经常在自欺欺人的蠢货,他们无法改变事情的是非曲直,而且,即使遵照苏格拉底的教诲,我也决不会以隐瞒真理或编制谎言为合法①。然而,这里面究竟是如何,我现在听凭你来作审定,也即听凭智慧来作审定。为了使后代们不至于不明白事情的过程和真相起见,我特地把它写了下来。

对于那些指控我期望恢复罗马自由的杜撰的信件,难道我还有必要去谈论吗? 倘若可以让我合法地阅看我的那些告发者的对于认定事实具有最大作用的供词的话,那么,这些信件的虚假性就会昭然若揭了。因为,还有什么样的自由可以去期望呢? 上帝知道还会有什么样的自由! 加纽斯当年被日耳曼尼库斯之子卡里古拉皇帝定罪为密谋反叛时,加纽斯是这样回答他的:'假如我参与了密谋,那你就根本不会知道了。'②现在,我也要作出这样的回答。在这件事情上,我不至于因为忧愁而丧失理智,以至于去埋怨邪恶者竟会公然做出这类败坏道德的事情来,但我毕竟还

① 参阅柏拉图的《理想国》,vi. 485。

② 这似乎是加纽斯对卡里古拉唯一有记录的反驳。同前,第 69 页。

是对他们竟能如愿以偿地做成他们想要做的事情，感到十分惊异。因为，有行恶的意图，可以归因于我们的软弱，可是，就在上帝的眼皮底下，恶人竟然可以对无辜者如此为所欲为，总还是令人感到奇怪的。因此，你的一位亲密的朋友①不无理由地责问道：'倘若有上帝存在，那么，如何会有那么多的邪恶呢？而倘若没有上帝存在，那么，何以会有善良呢？'不过，既然认定是那些置一切善良的人以及整个元老院于死地的恶人在加害于我，因为他们觉得我在维护善良的人们和元老院，那也就算明白究竟了。但是，难道我也应该遭到元老院议员们的仇恨吗？我想，你一定还记得你以前如何总是亲自指导我该说些什么和该做些什么。我说，你一定还记得发生在维罗那（Verona）的那件事情，当时国王想借口阿尔毕努斯被指控的事情对整个元老院加以叛乱的罪名，而我当时冒着极大的危险来为整个元老院做辩护。你知道，我所说的这些事情都是真实的，而且，我从不因此而沾沾自喜，因为在炫耀自己所做的事情而获得赞誉的时候，善良的良心的内在的宝贵价值就必定减弱了。可是，你看到，我的清白竟然得到怎样的结局；我非但没有得到嘉许，反而被莫须有地定了罪，以邪恶的名义而受罚。从来没有像这次那样，对一项罪名的宣判可以使法官们绝对地毫无异议，那要么是人的判断错误，要么是命运使然，难道不是如此吗？倘若我被指控焚烧了一座教堂，或者邪恶地杀死了神甫，或者企图谋杀一切善良的人们，那也应该当着我的面宣读，在我认罪后作宣判。而现在的我，远在五百英里之外，什么也听不

150-151

152-153

---

　①　指伊壁鸠鲁，参见拉克坦提乌斯《论上帝的愤怒》，xiii。

到,也无从为自己声辩,就这样被定为死罪并被没收财产,原因就是因为对元老院过于袒护。哦,元老院啊,你们理应有责任不让任何一个人如此被定罪!

即使是那些告发者,也看到了被告的德高望重,他们就去添加一些过错来往被告脸上抹黑,他们污蔑我一直违背良心地用卑鄙的手段谋得官职的晋升。可是,深居我内心的你,早就从我心中驱赶掉对世俗事物的所有欲望,在你的瞩目之下,卑劣的行径没有藏身之地,因为你每天在我的耳朵和脑海中灌注着毕达戈拉斯所说的'当跟随上帝'这句话①。既然你已经把我造就得如此优秀,使得我相似于上帝一般,那我决不会再去寻求那些卑鄙小人的帮助。我在家中幽静的房间里过着清白纯洁的生活,我所结交的那些高尚可嘉的朋友,我的岳父*这样一位像你一样极受敬重的人,他们全都认定我是清白无辜的。哦,极端的卑鄙无耻啊!他们又把如此大的罪名加到你的头上,认为我们是合伙犯罪的,因为我承受的是你传授的知识,我所仿效的是你的美德,因此,单是让我从对你的敬重里一无所获,他们还嫌不够,还要因着对我的仇恨而使你也蒙受羞辱。而使我更加感到痛苦的是,绝大多数人并不重视事情的价值所在,而只是去估计在什么事情上会交上好运。由于这个道理,往往是一些良好的见解首先遭到摒弃。如今在民众中间有多少流言蜚语,有多少乱七八糟和五花八门的看法啊!我实在不愿意去思考它们;我只想说,身处逆境者的最终的重担,就在于当他们被指控任何罪名时竟然被认为是罪有应得

---

①　参见 ὁ βίος ἅπας συντέτακται πρὸς τὸ ἀκολονθεῖν τῷ θεῷ,Iambl. *De Vita Pyth.* xviii.,以及塞涅卡的 *De Vita Beata*,xv。

*　波爱修斯的岳父叙马库斯也跟他一同被处死。——译注

的。而我现在已经一贫如洗，尊严丧尽，名誉扫地，为要行善却受到了惩罚。

我现在看到的是，行恶的乌合之众却在欢天喜地，放任自流的人在策划如何去诬告别人，而善良的人们却俯倒在地，唯恐遭遇像我一样的危险，淫邪者们可以肆无忌惮地为非作歹；但清白无辜的人们却不但丧失了任何的安全，而且还没有任何声辩的可能。为此，我要大声疾呼：

V.

　　高高端坐在永恒宝座上的
　　　宇宙万物的创造者啊，
　　你执掌着诸天的瞬息万变，
　　　你使得星辰运转有律，
　　月亮女神她那苍白的脸容，
　　　不时受取她弟兄之光，
　　圆月时她的明亮普照大地，
　　　使诸多星辰黯然失色；
　　当太阳的光芒临近于她时，
　　　她就去依靠她的恩典；
　　在夜幕初降我们大地之时，
　　　耀眼晚星将冷寂驱散，
　　待等旭日东升普照四方时，

156-157

晨星便悄然自行隐退。①

当寒冬把树枝绿叶夺走时，

　你便让白昼缩短时辰；

当烈日将炎夏带给我们时，

　你又让夜晚疾步快驶。

你的大能掌管着一年四季，

　无一不在你调度之下。

虽有北风将树上绿叶刮走，

　却有西风使它们复生；

当炎热的夏天谷物成熟时，

　有大角星的光亮照看。

你所设下的规律无可违背，

　它们的场所绝无更改。

你有条有理地统辖着万物，

　岂可容凡人自作主张，

一切无不是你宝座的号令？

　又为何让捉摸不定的

机缘如此擅自地玩忽万物？

　原本应该加诸罪人的

种种惩罚却为何降临无辜？

　但如今那至尊的高位，

①　字面意思："而他像金星一样，在初夜时分将众多冷星从他面前赶走，然后魔王（Lucifer）驾驭着战车，以苍白的脸容出现在最初的阳光之中。"

却将最大的恩典赐给无赖，
　听任那些邪恶的恶徒，
肆意作践众多善良的人们；
　伦理道德躲在黑暗里，
正义者无辜地遭受着毁谤。
　行欺诈作伪证的邪徒，
却没有因其恶行而蒙羞辱，
　皆因为他们大权在握，
他们尽可以随时为所欲为
　去左右那君王的心意，
去操纵受万民敬畏的君王。
　哦是你将那普世万物
用爱心把它们连结到一起，
　却眼看着世间的邪恶；
你花费不小力气创造的人，
　却在命运激浪中颠簸；
祈求在天上的你明察秋毫，
　平息这些凶恶的风暴，
愿你那些治理天上的条法，
　也运用到我们的地上。"

158-159

V.

在我唉声叹气地说出这些话的时候，她始终面带着笑容，丝毫不为我的哀告而动心。她说："我一看到你痛哭流涕，就知道你深受放逐之苦。不过，要不是你说出了这些话，我确实还不知道你被放逐得有多么远。哦，其实你并不是被赶跑，而是你自愿离开的！或者说，如果你还要认为是被赶跑的，那也是被你自己赶跑的，因为，除了你自己以外，是没有人可以这样做的，因为如果你还记得起你原先的那个国家，那么，它那里的统治体制并不像以前雅典那样是多人执政，而是'一人为王，一人统治'[①]，他希望公民越多越好，而不是要把他们赶跑。受这样的政权统治，顺从其法律，那可是最大限度的自由了。难道你不知道你所在的那个城市最古老的法律吗？那里明文规定，凡是选择以它为定居处的人，可以免于被放逐，[②]因为，在它城堡之内的人，都不用害怕会遭到放逐。但是，凡是不再想居住在其中的人，就享受不到这么大的好处。因此，令我感到烦恼的是你，而不是那个地方。你的书房尽管镶配上了象牙和水晶，可那并不是我所需要的，我所需要的是你心灵的憩息之处，我虽然没有把书本放到那里去，但我把该如何运用书本的方法放到那里去了，就是我很早就写就的那些书中所谈到的。至于你说到的你所行的善事，那固然功不可没，但比起你所做过的大量的事情来，那还是微不足道的。你所说到的用来反对你的那些或虚或实的事情，都是众所周知的。告发你的那些人，他们的卑劣行径虽然也被你提到了，但还只是很粗略的，而老百姓们早就注意到了他们，更为深刻地揭露了他们的邪恶勾当。你也曾尖锐地斥责元老院的不正当的行为。你还为我

---

① 荷马《伊利亚特》，ii. 204。

② 西塞罗的《论家园》，29.77。

们所遭受到的非难感到伤心,为我们的名誉受损感到愤慨;最后,你为命运的不公而万分忧愤,埋怨好心得不到好报。在你的诗句的结尾处,你表示你希望在地上也能够得到像天上所享受到的那种安宁。然而,因为你满怀愁情,悲愤欲绝,你现在身陷困境,一时无法下猛药来治愈你,故而,我们希望用温和的方法平息你那 ₁₆₂₋₁₆₃ 烦闷焦虑的情感,也能收到一如下猛药的效果。

VI.

烈日当空照射着
　　已被炽热烤焦了的大地,
农夫轻率抛撒出
　　那注定毫无收获的种子,
无信的谷物女神
　　让谷种长成一棵棵橡树。
当凛冽北风劲吹
　　成片的田野满眼荒芜时,
岂能有香嫩花芽,
　　无论你对葡萄如何迷恋,
在那春光明媚时,
　　你也采摘不到藤上葡萄;
直待到金秋时分,
　　酒神才送上那葡萄美酒。
上帝掌管那四时,

论时赐恩从来不差分毫，

他所定下的规矩，

运行自如绝无半点混淆。

如敢擅自去违背，

就必定自食其果遭祸患。

VI.

她接着说:那么，为了让我可以触及和试探到你的心灵，你是否愿意让我问你几个问题，以便知道该如何来医治你的病呢?"我回答:"你想问什么就问什么吧，我会回答你的。"她就问:"你认为这个世界是由随随便便的机缘在支配着，还是你相信这个世界是由理性在掌管着的呢?"我说:"我绝不能想象这样有条有理的运行会是由轻率的机缘在支配着。我知道，是创造万物的上帝在掌管着他的造物，除此之外，我绝无别的想法。"

她说:"的确是如此，你在刚才的诗句中也是这样说的，你还哀叹唯独有些人有时得不到上帝的关怀;除此之外，你毫不怀疑其余所有人都是受理性的支配。你持有如此健全的观点却会这样悲观失望，这不得不使我感到惊异。不过，还是让我们再进一步思考一下吧。我猜想你是需要些什么东西，可我又不知道你需要的是什么。

既然你并不怀疑这世界是由上帝在掌管着，那么，请告诉我，你能不能说给我听，上帝是靠什么手段来掌管的呢?"我回答:"我不太理解你所问的问题，我也更无法给你满意的回答。"她说:"我在想,也许你曾经希望要某样东西,而正是这样的东西,成为烦扰你的那个疾病乘虚攻入你里面去的缺口,我这样的想法对不对呢?可是,请告诉我,你是不是记得什么是万物的尽头呢?或者说,大自然所追求的全部目标是什么呢?"我说:"我听到过这样的说法,但忧愁使我的记忆衰退了。""然而,你知不知道,万物是从哪里起源的呢?"我回答:"我知道,起源于上帝。""你知道了万物的起源,却怎么会不想去追究其归宿呢?但是,这正是排解各种烦恼之条件和力量所在,使得这些烦恼虽然可以使一个人的状况有所变化,但无法彻底摧毁和灭绝他。

166-167

不过,我还是希望你能回答我这个问题:你是不是记得你是一个人呢?"我说:"为什么我会不记得这个呢?""那么,你能不能解释一下,什么是人?""你是不是在问我是否知道我是一个有理智的和会死的活人呢?我知道而且也承认,我自己是这样的一个人。"对此,她答道:"难道你不知道你自己另外还是什么东西吗?""不,没有什么另外的东西了。"

她说:"现在我知道你的疾病的另一个而且也可能是最大的原因了:你忘记了你所是。所以,我完全找到了你的疾病的类型和治愈它的方法;你忘记了你自己是什么而使你陷于困惑,这就是你为什么对你的被放逐和你所损失的财产感到如此悲哀的原因。而且,正因为你不去考虑什么是万物的归宿,所以你才会认为那些下流邪恶的人是那么有权有势和逍遥快乐;同样,也正因为你忘记了掌管这世界靠的是什么样的手段,因而你才会认为命运发生这些变更,是不受任何操纵的,不但生病是无缘无故的,而且,连死亡本身也是无缘无故的。可是,我们要感谢把健康赐给你的那位赐恩者,是他,才使得大自然没有完全抛弃你。我们拥有那位最伟大的养育者,是他,把健康赐给了你,是他,教会你真正了解这世界是由谁在掌管着,使你相信,这世界并不是由一些偶然的机缘所支配的,而是由上帝的理性在掌管着。所以,你什么也不用害怕;你的生命热量,将从这点星星之火燃起。然而,正因为现在还没有到可以使你的病得到彻底治愈的时候,你目前的心灵状态显然还受害于一些错误的想法而将真理撇在一边,从而备受蒙蔽而满怀忧愁,无法明辨是非,因此,我现在设法运用一些温和的疗法来驱散你的疑云;只要拨开那些行骗术的愁感所布下的阴云,你就可以见到那真正的光明。

168-169

VII.

当众星裹装在那

　　漆黑的夜晚里,

星光受到了遮掩,

　　不能灿烂闪耀。

当狂风咆哮大海

　　卷起阵阵巨浪时,

原本清澈的海水,

　　变成黝黑而恶臭。

从一座巍巍高山

　　流下滔滔的河水,

　　却时有巨石挡道,

使河水无奈停驻。
如若你想要目睹
　真理之灿烂光辉，
务必要行走那
　导向纯真之大道，
世间之喜怒哀乐
　全该丢弃在脑后，

170-171

全无任何忧和愁，
　未有热望存胸怀。
若心中常患得失，
　何能明目得解脱。"

《哲学的慰藉》第二卷

I.

　　然后，她安静了一会儿；她看我在凝神沉思，就开始说道："假定我对你的病况和病因了解不误的话，那么，你是在慕恋你往日的幸运，而这运去时衰，就使你不得安宁，倍感凄凉。我明白，那个变化多端善于诱骗人的怪物，会凭空制造出种种幻象，最后使这些人陷入悲观绝望而将他们抛弃掉，而如果你回想它的品性和行径，那么，你应该知道，你在它那儿从未有任何的所得和所失；而且，正如同我所希望的那样，我也没有必要千方百计地要你去回想起这样一些事情，因为我希望在它极力奉承你的时候，你会用果断的词语去对付它，你会用得自于我们的最隐秘的知识的语

句去驳倒它。可是，毕竟任何一次突然的事变总会在心灵中引起这样那样的波动和不安。这是你现在会一时丧失你以前的沉着和平静的原因所在。不过，现在是时候了，可以让你服用某样温和而可口的药剂，使你镇静下来。为此，让我们在不抛弃我们良好习俗的前提下，充分品尝那循循善诱之甜美；同时，我们叫音乐

这个我们家族中的小奴婢，唱出那时而轻松愉快、时而庄严沉重的音符。

哦，你这个人啊，如此说来，是什么使你悲痛欲绝呢？据我看来，你一定是见到某样异乎寻常的新事物了。如果你以为是命运对你改变了态度，那你就大错特错了。这始终是命运的惯技；它的本性就是如此。在你这件事情上，它还是一如既往，那就是，朝三暮四；尽管它用伪装的欢乐作诱饵来讨好你和诱骗你，但骨子里就是这么一回事。其实你已经发现了这个瞎眼的女妖的可疑面目。虽然她蒙骗了别的人，不过你还是可以完全了解她的。如果你喜欢她，那你就该学她的样，也就不要有什么埋怨。而如果你厌恶她的变节行径，那你就该鄙视她和摒弃她，不去理会她那种包藏祸心的诡谲。那使你陷入巨大悲哀的事情，实际上也已经带给你高度的安宁。因为，她已经抛弃了你，而那是任何一个人都免不了的。难道你认为你现在失去的那种快乐是很宝贵的吗？目今大家所见到的那种幸运，谁也说不定能保持多久，而一旦消失了，却会使你伤心不已，难道它会让你感到亲切吗？而如果它既不能按我们的心意给保留下来，又在最后离开我们的时候使我176-177们万分痛苦，那么，这种反复无常的幸运，岂不是获取未来灾难的一个凭证吗？因为，我们不应该只顾眼前；睿智者对万事都要深思熟虑，如若都考虑到这两个方面，那么，就既不用害怕命运之凶兆，也不会去贪图命运的奉承。最后，一旦你套进命运之枷锁，那么，在命运所能支配的范围内，不管你遭遇到什么，你都应该做到逆来顺受。如果你已经自愿认它为你的主宰，却又希望能规定它留多长时间和什么时候才离去,这样的话,你就是在藐视它的权威,而你的这种不耐烦,只会使你的处境变得更加糟糕,是无济于事的,难道不是这样吗? 如果你迎着大风扬帆航行,那么,决定航向的就不是你的意愿,而是风向。在你播下种子的时候,你已经考虑到年成既可能是丰收也可能是歉收。既然你已经甘愿受命运的支配,那你就应该满足于你的主宰给你所做的安排。难道你想阻止车轮的转动吗? 可是,你这愚蠢透顶的家伙,如果命运的车轮真的停顿下来,那它也就不成其为命运了。

I.

命运高举起它那傲慢的右手,

　　肆无忌惮地到处去兴风作浪,①

威严的君王顷刻间丧失宝座,

　　阶下囚一转眼却得荣升。

愁苦人的悲鸣岂能打动于它,

　　而作孽多端的却仍心安理得。

178-179 　作恶越多的却越能声名昭著,

　　世道多变转眼使天贵变地贱,

皆只为显奇能令众奴仆俯首。

---

① 字面意思:"命运女神挥舞着她那傲慢的右手恣意横行,让潮起潮落一如那冒泡的欧利普斯(Euripus)。"在俚语中,欧利普斯的意思是不规则的潮水。

II.

可是,我想用命运它自己所说的一些话语来劝诫你。就请你来看看它问的是不是在理。'哦,你这个人,你为什么没日没夜的埋怨我呢?我害过你什么呢?我从你那里夺走过什么属于你的东西呢?你可以到随便哪一个法官面前,就你所主张的对财产和荣誉的权利之事与我当堂辩论;假如你能够指证这些东西中的任何一样属于某一个凡人的话,那我就立刻承认你所要求的是属于你所有的。当大自然让你从你娘胎中出生时,我所接受的你是赤条条一无所有的,是我精心抚育了你,是我用我那百般的关怀养育你成长,是我把属于我权力之下、应有尽有的种种宝贵财富和显赫荣耀配备给了你。而现在,虽然我愿意把我的手缩回来,但你还是得向我道谢,因为你已经使用过了不属于你所有的那些东西。你根本没有理由诉苦,好像你失去了完全属于你自己所有的什么东西似的。你为什么要那么伤心呢?我一点也没有冒犯过你。一切财富和荣誉,统统都属于我所有。它们承认我是它们的主人,承认它们本身是我的奴仆,我来了,它们也来了,我走了,它们也走开了。我敢肯定地说,倘若你在抱怨从你那里被取走的那些东西真是属于你自己所有的,那么,你是决不会失去它们的。180-181
难道该禁止我运用我的权利吗?上天让白昼晴空万里,而让黑夜漆黑一片,那是合情合理的。一年四季中,既有遍地花果的时候,也有阴云密布朔风凛冽的时候,那也是合乎常规的。而那汪洋大海,有时风平浪静,有时波涛汹涌,那是它有权决定的。难道人们贪得无厌的欲望,就可以要我违背我的习惯而保持一成不变吗?
这可是我的权柄,是我一直引以为乐的游戏。我转动着我的轮
子,以极大的乐趣观看事物在翻来覆去。如果你希望的话,你就
升上去吧,可是,当我的游戏进展到需要你降下来时,你可不能认
为那是在伤害你。难道你不知道我的处事方式吗?那位吕底亚
(Lydia)的国王克罗伊索斯(Croesus),在他被波斯王居鲁士
(Cyrus)俘虏即将被烧死时,却意外地因为一场天降阵雨而得救
了,①你听说过这件事情吗?保罗斯曾经虔诚地为他的俘虏珀修
斯的遭难而哀悼②,难道你忘记了吗?说来说去,悲剧中为之号啕
痛哭的,无非是命运毫不留情地把欢乐的处境给推翻掉了,难道
不是这样吗?在朱庇特神庙的大门前放着两个桶,其中一个桶里
放的是好的东西,而另一个桶里放的是坏的东西,难道你年轻时
没有听到过这个传说吗?③ 你享受的好东西比别人要多,你还要
怎样呢?既然我没有完全离你而去,那还不好吗?我的这种变幻
莫测,不恰恰该成为使你期望得到更好东西的一个正当理由吗?
无论如何,你总不要丧失勇气,而且,既然你生活在跟大家一模一
样的环境之中,就不要妄想那支配着你的会是一些专为你特设的
规律。

---

① 参见希罗多德《历史》,i. 87。

② 公元前 168 年,马其顿末代国王珀修斯(Perseus)被罗马军队打败而被俘。罗
马将军保罗斯(Aemilius Paulus)取得了"马其顿"的别号。参见李维(Titus Livius)的
《罗马史》,xlv. 8。

③ 《伊利亚特》,xxiv. 527。

II.

诸多的恩赐是如此的丰盈，

　　一如巨澜卷来成堆的海沙，

又如夜幕降临万籁俱寂时，

　　装点着天空的满天星辰，

尽管人们源源不断有所得，

　　却无病呻吟难有半点知足。

慷慨的上帝施恩岂惜重金，

　　明知欲壑难填仍赏赐有加，

但到头来仍还是贪得无厌，

　　终日里忧心忡忡得陇望蜀。

尽管金银财宝堆积如山高，

　　那贪求之心因何如饥似渴？

为求财富哪曾有片刻安宁，

　　似如此虽然富贵实乃贫困。'

III.

　　所以，如果命运这样为自己辩解，那你肯定是无言以答的。不过，假如你有可以为自己辩解的任何话语，你就该把它说出来。我们会给你机会说出来的。"我说："这些事情说得那么合情合理，所使用的语句既雄辩有力，又如音乐般委婉动听，听了的确身心愉快。可是,困苦的人们对他们所遭遇的困苦,感触深刻。所以,听了这些话,隐藏在内心的忧愁会使心灵受到压抑。"她答道:"确实如此,因为这些话并不能治愈你的病,不过,这是在给你一些镇痛剂,可以减轻你的痛苦,使你不至于因为这种痛苦而拒绝接受任何治疗。可是,只要时机到了,我就会采取果断的治疗措施。无论如何,你没有任何理由认为你自己处在困苦之中。难道你忘记了你在很多方面是何等幸福吗?

　　我没有提到的是,在你失去了你的父亲时,却有一些品位极高的人士收养了你,让你结交这个城市的权贵,使你很快就得到他们的青睐,从而结上一门非常体面的亲事。你有了一位显贵的岳父,有了一位如此高雅的妻子*,有了如此出类拔萃的儿子,谁不认为你非常幸福呢?我不说(因为我不喜欢说那些平平常常的事情)你年少得志,达到了别人一辈子也达不到的崇高地位。我只想谈谈你交的好运。如果说世俗之物结下的任何果子也都包含有幸福的成分的话,那么,现在能够用困苦之阴云将你笼罩住的东西,难道能够毁灭对当时辉煌的记忆吗?那时,你看到你的两个儿子一下子都当上了执政官,元老院的议员们围着他们,老百姓向他们欢呼致敬;他们端坐在元老院的首席座位上,那时,你发表了赞颂皇帝的热情讲话,因你的睿智和口才而获得了崇高的声誉。那时,在大庭广众下,你站在你的两个儿子中间,凭着你那

* 波爱修斯的第一位妻子叫爱尔皮斯(Elpis)。他的第二位妻子叫露斯提西安娜(Rusticiana),是当上议员和执政官的叙马库斯(Symmachus)的女儿,她为他生下了两个儿子。——译注

声誉卓著的慷慨大度而深受汇聚在你四周的民众的拥护,我相信,你那时一定对命运抱有好感,感谢它处处讨好于你,把你当作它最亲密的朋友。你从命运手里得到的,胜过你之前的任何人。¹⁸⁶⁻¹⁸⁷难道你还想去跟命运算账吗?这是它头一回对你有所不满。如果你算计一下你所经历过的幸运事和倒霉事,那你不得不认定你自己迄今为止是够幸运的;如果你仅仅因为这些幸运事情都已过去了而不认为你是幸运的,那你就没有任何理由认为你是倒霉的,因为你现在认为是伤心的那些事情,也是会过去的。难道你现在像一个流浪者和陌生人那样进入这人生的剧场吗?既然人本身只不过是来去匆匆的过客,那么,你还会认为人间的事情有什么定数吗?因为,虽说万事都服从于命运的安排而捉摸不定,但生命之归宿总是死亡,即使命运还留存着,也管不着了。所以,无论是因为你死去了而离开了它,还是因为它飞走了而抛弃了你,那有什么关系呢?

III.

太阳神驾着他那玫瑰红色的四轮马车
　　把他的光辉普照四方,
众星辰自愧暗淡而退避,让位给这
　　如熊熊烈火般的耀日。
自有西风之神将无比的温馨带来人间,
　　让芳香玫瑰点缀春光;
转眼间却让可恶的南风之神疾速劲吹,

　　但见田野里一片狼藉。

平日里宁静的海面上映射出霞光万道，

　　荡漾碧波更令人神怡，

可又怎禁得凛冽的北风之神呼啸而至，

　　卷起那一阵阵的巨浪。

这世界永远谈不上能保持一成不变，

　　只是时刻不断在变化，

如若你一心去信赖那飘忽不定的命运，

　　须知荣华如过路烟云。

归根到底就是那一个亘古不变的道理：

　　凡有其生者必有其灭。”

IV.

　　对此，我是这样回答的：“哦，你这位以德育人的导师，你所告诉我的事情，全是真实的，不可否认，我的确是年少得志而官运亨通。可是，每当我想到这个，这正是使我无比烦恼的事情。在一切厄运中，最令人伤心的事情，恰恰就在于以前曾经交过好运。”她回答：“但是，你不应该把你因为你自己的错误想法而受到的惩罚归咎于那些事情本身。因为，如果偶尔交上好运竟然使你心动，那么，就让我来告诉你，你自己所拥有的有多么多和多么大。如此说来，如果在你因为交上好运而获得的所有好处里，你认为最宝贵的东西，靠着上帝的旨意仍旧原封不动地继续让你拥有着，难道你还能恰如其分地去诉说命运的种种不是吗？

188-189

　　可是，你的岳父叙马库斯，这位出类拔萃的佼佼者，他还硬朗地活着，这位集美德与才智于一身的自信的长者，还在从事着你愿意毕生为之奋斗的事业，他也在为你受到的不公正待遇而感到悲哀。你那品性温和且举止高雅的妻子也还活着，她也像她的父亲一样，无时不表现出她那不同凡响的高贵品质。我要说，她现在仅仅是为了你才苟且偷生。连我也不得不承认，她为你每日以泪洗面，那倒确实是你的不幸。

　　至于你那两位已经身任执政官的儿子，虽然还年轻，但在他190-191们身上，已经可以看到他们的父亲或他们的祖父的高贵品质了，对此，我还能说些什么呢？你看，凡人所企求的最大关怀只不过是保存他们的生命，而你这个幸福的人啊，你确实知道你自己拥有的财富，又有谁能够享有你那些无疑比生命本身更宝贵的东西呢？如此看来，你就不该再哭泣。迄今为止，命运并没有对你们深恶痛绝，你们也没有遭受过于猛烈的冲击，因为，那些锚还牢牢地锚定在那里，它们会使你在当前不缺乏安慰，又不缺乏未来的希望。"

　　我回答："我祈求上帝让这些锚紧紧地扣住，只要它们还被扣住，不管这世界变成什么样，我们总可以不至于沉溺。可是，你看，我们现在已经山穷水尽了。"她说道："但愿你现在的处境没让你感到绝望，我们毕竟还是有所进展的。但是，我不能容忍你的那种挑剔，我不喜欢你成天唉声叹气地抱怨自己不够幸运。难道有谁十全十美地幸运而没有任何缺陷吗？人所交的好运，本质上就是可疑的，不可靠的，既不可能完美地获得，也不可能永远保有。这个人家财万贯，但出身低微遭到鄙视。那个人因出身高贵而声名昭著，但负债累累，还不如默默无闻的好。还有些人，虽然名利双全，但终身未得婚配。另外还有些人，尽管结了婚，但没有孩子，留下的财富只能由外人来继承。最后，还有这样的一些人，虽然有了孩子，但他们的儿女染上了恶习，令他们终日烦恼。所

192-193

以，难得有人会觉得自己完全交好运。在任何情况下，总有那么一些事情，在未经历之前并不知道，一旦经历了之后，就感到竟会有那么多烦恼。除此之外，那些最快乐的事情，也是最敏感的事情，而且，除非样样事情都使他们称心如意，否则，总会对各种挫折感到不耐烦，稍有什么微小的波折，就会坐立不安，一些非常细小的事情也会使那些最幸运的人感到不快。有些人，假如能够拥有你的一点好运，就会感到自己像进了天堂一样，你想过有多少这样的人吗？就是你现在称为流放地的这个地方，对于这里的居民来说，那就是他们的家园了。如此说来，确实没有什么东西是悲苦的，只不过是被想象成悲苦而已，反过来，任何景况，只要对之感到满足，就都是幸福的。一个始终不知足的人，难道他会快乐到不想去改变他的现状吗？在人交上好运时，甘甜之中又夹杂着诸多苦恼，在享受好运时固然好像很快乐，但总还是做不到可以经久不衰。故而，以迟早会消逝的事情为乐，实在是很可怜的，既不可能持久给人以满足，也不可能使人忘记忧愁而尽情享乐。

　　所以，你们这些凡人啊，那好运就在你们自身，为什么还要到外面去寻找它呢？谬误与无知，把你们搞得晕头转向了。我要直截了当地指给你们看，到底什么才是你们最主要的幸福的核心所在。对你们来说，难道还有什么东西比你们自己更加宝贵吗？我相信你们一定会说没有什么东西。因此，如果你们以你们自己为

乐,那么,你们所拥有的,就是你们绝不愿意失去的,也是命运不可能夺走的。为了使你们认识到福乐不可能存在于这样一些偶然事情之中,请你们听我来分析吧。假如说福乐是我们的本性之 194-195 中由理性赋予我们的至善的东西,而凡是可以采取任何手段夺走的东西都不是至善的东西,因为那不能被夺走的东西必定是更好的东西,因此,很显然,命运由于其不稳定,不可能期望成为获得福乐的途径。而且,享受这种脆弱的好运的人,并不见得都了解命运是变化无常的。如果确实不了解的话,那么,如此稀里糊涂又有什么值得庆幸的呢? 而如果了解这一点,那么,他必定会提心吊胆,生怕失掉那个他并不怀疑会失掉的东西,从而时时刻刻担惊受怕,他就不会感到愉快了。或许,尽管他知道那是会丧失掉的,但他会不会以为那是无关紧要的呢? 不过,要是这样的话,就说明那是很微小的好处,他根本不在乎会不会失掉它。正因为我知道你们已经在无数的见证面前完全坚信人的灵魂是绝不会死去的,而且,既然短暂的好运显然会随同肉体的死亡而告结束,毫无疑问,这绝不可能产生出福乐,反之,全人类都会由于死亡而陷入困苦之中。然而,我们看到好多一心想要获得福乐的人,得到的却不单是死亡,还有种种苦恼和折磨,那么,虽然拥有眼前的欢乐,但如果明知丧失它会引起何等的悲哀,那还怎么能快乐呢?

IV.

人若要小心谨慎地
　建造好那永恒居所,

要它坚牢不致倒塌，

　　要它不惧狂风侵袭，

即使洪水巨浪卷来，

　　也能安然渡过难关，

196-197　　那就不该建在山顶，

　　也不该以散沙为基。

为的是不受狂风袭，

　　为的是不遭巨浪冲，

何况那沙地软又松，

　　哪堪承担任何重负。①

赶快离开是非之地，

　　纵有繁华也勿留恋，

定将你的清贫居所，

　　建造在山下磐石上。

任凭狂风呼啸怒吼，

　　任凭骇浪汹涌澎湃，

在那宁静幽谷之中，

　　无忧安居颐养天年，

休管外边惊天动地，

　　堪笑暴怒终成枉空。

---

① 字面意思："这些游移的散沙，拒绝承受压在它们上面的重量。"

V.

可是,既然我运用理性对你所做的抚慰已经开始深入你的内心,因而现在我想再使用一些更加有力的方法。再说下去,假如命运所赏赐的那些礼物并不那么脆弱和短暂的话,那么,在那些东西中,究竟有哪些可以算作属于你自己所有,或者经得起仔细推敲而不被认为是那么低劣的呢?财富之所以那么宝贵,是由于其本身的原因还是由于你的原因呢?哪一部分财富可以受到尊重呢?是黄金还是那成堆的货币?它们在被花费的时候,要比它们被保存的时候更加显要。因为,贪婪令人可憎,而慷慨增人声誉。如果一个人不能拥有另一个人所拥有的东西,那么,货币之宝贵,不在于占有它,而在于慷慨解囊将其给予别人。可是,假如全世界所有的货币都集于一人之手,那么,其他所有人就必定一贫如洗了。声音在同一时间到达许多人的耳朵,但你所拥有的财富如果不有所减少就不可能到达许多人那里去,而在这样的时候,失去财富的人就变得穷困了。哦,这么一点点可怜而稀少的财富,它们既不可能让许多人充足地拥有,也势必要使其他人变得贫困!那些发出耀眼光芒的珠宝,是不是把你的眼睛吸引住了呢?可是,假如说在这样的场合下确实有什么伟大的事情,但大加炫耀的却不是人而是那些珠宝,那我就不免对人们的这种赞赏感到莫名的惊诧了。因为,人不仅具有生命而且还具有理性,而这样一些既无生命又缺乏任何可以被人的本性认作为美的成分的东西,又算得了什么呢?这些东西,虽然由于工匠的精美制作

198-199

和本身的种类繁多而拥有某些低等的美的成分，但比起你的尊贵身份就差得太远了，根本不值得你去赞赏。田野的悦人景色有没有使你陶醉呢？怎么会没有呢？因为，那是一件最优美的杰作中的一个极其优美的部分。我们就是如此陶醉于平静的海洋，就是如此赞美天空、星星、太阳和月亮。难道这其中有什么是属于你自己的吗？难道你敢指着它们中的任何一样所具有的美而夸口吗？你是用五月的鲜花在打扮你自己吗？或者，你是用丰收的果实在发财致富吗？你为什么要白白地空欢喜呢？你为什么紧紧抱住那些身外的财富，把它们当成你自己的呢？命运绝不会使那些东西属于你所有，因为它们按照本性的约定并不属于你。地上出产的果实无疑是被指定来维持活着的被造物的生计的。但是，如果你只想得到足以使本性感到满足的东西来满足自己的需要，那么，就没有任何理由去获得命运所给予的、超出自己需要的多余的东西。因为，本性满足于十分细小的东西，而你，一旦得到了满足，就不该再要求超出需要的东西，那些超出需要的东西，必定会带来不愉快或伤害。可是，也许你会以为穿着华美的衣服是一件很光彩的事情，如果这些衣服的确光彩夺目的话，那我要赞美的是衣料的精美和裁缝的技艺。或者说，你家中仆役成群，是不是让你高兴呢？倘若他们行恶使坏，那他们就成为你家庭的一个沉重负担，甚且会带给主人种种麻烦；而倘若他们忠心耿耿，那其他人的忠诚又该如何算作你的财富呢？由此可见，你认为属于你的那些财富，其实没有一样是真正属于你的。因此，既然在这些东西中没有一样值得向往，那么，你为什么还要为这些东西患得患失呢？或者说，假如它们本来就很宝贵，那对你又有什么呢？

200-201

因为，如果是这样，哪怕它们属于别的人，也必定会使你感到高兴的。因为，它们之所以宝贵，并不是由于它们属于你所有，而是由于它们让你渴望拥有它们而显得宝贵。现在，你如此大声地去赞美命运，究竟想要什么呢？也许你是嫌少而求多吧。但是，这正好适得其反，因为，为了保护好所有这些样式的宝贵的装饰物，你需要很多的花费。确实，拥有得越多的人，缺少得也越多；反之亦然，凡是不贪求超量财富而只求满足自己自然需要的人，也就不缺少什么了。你一直在你自身之外的那些东西中寻找你的财富，难道你就没有什么恰当的、内在的善吗？一个有生命的被造物，既然理所当然地由于理性的馈赠而得以成为神圣，为什么除了拥有生命之外那些微不足道的装饰物就没有什么其他的尊贵呢？一切其他的被造物都满足于它们所拥有的东西，而你，虽然你的内心具有了可以类似于上帝的品质，却满足于从那些最低级庸俗的事物中去拾取东西来装饰你那高贵的本性，难道你不知道这样做会伤害你的造物主吗？他希望让人类胜过地上的万物；而你却将你的尊严贬低到比任何最卑贱的造物还要低下。因为，很显然，任何一样东西，它本身的善总要比它的拥有者的善来得更宝贵，而既然你竟认为那些最卑劣的东西也可以成为你的财富，那么，在你的心目中，你就把你自己贬低到它们之下了，这样的说法无疑是不无道理的，因为人的本性就在于，只有当它对自身有所认识的时候，它才超越于其他事物，而当它对自身缺乏认识的时候，它就比兽类还不如。在其他有生命的造物中，对自身没有认识，那是很自然的，而在人类中，那可就是过错。如果你竟然认为任何人都可以用身外的饰物来装饰自己，那你的过错该有多么严重呢？那是决不行的。因为，假如觉得某个附加的东西很宝贵的话，那么，受到赞赏的是那个附加的东西，而被掩盖和包藏在其中的东西却仍旧还在其中，然而，它里面原本就包含着丑恶。而且，我绝不会认为那对其占有者有所伤害的东西可以是善的东西。难道我搞错了吗？我相信你一定会说不的。但是，财富的确经常会伤害它们的占有者，因为任何一个品性恶劣的家伙，都千方百计要去占有那些还不属于自己所有的财富，还自认为自己最应该去独占全世界所有的金银宝贝。所以，像你这样一个满心忧虑地担心遭到攻击和杀害的人，如果你像一个贫穷的过路人那样步入今世的路途，那你就不用害怕，即使面对最贪得无厌的盗贼，也仍能从容不迫地付诸一笑。* 哦，这些最了不起的世俗的欢乐啊，你一旦得到了它，也就丧失了你的安全！

204-205

V.

以往年月曾何等丰盛富饶，

　田野收成从不使主人失望，

主人们也绝不会空怀奢望，

　满地可得的橡实即可开斋。

虽无掺上蜂蜜的佳酿美酒，

　也无秀美似锦的绫罗绸缎；

---

*　参见朱文纳尔（Decimus Junius Juvenalis）的《讽刺诗》，x. 19-22。

却可躺卧在舒适的草地上，

　　又能喝上清澈的溪水解渴。

在那茂密的松柏的树荫下，

　　不需要为经商去翻山越岭，

也不必为牟利到远处飘荡。

　　听不到战场上刺耳的号角，

也见不到虎视眈眈的士兵，

　　更没有那嗜杀成性的利刃，

刀锋上染有被杀者的鲜血。

　　人世间总因任何点滴冤仇，

平白挑起那些无谓的战争，

　　到头来无非是鲜血淋漓，

而尸横遍地却又何以为报？

　　只希望古时那美好的风光，

重又光顾多灾多难之今日！

　　只可叹那拜金贪婪的热欲，

胜过埃特纳火山熊熊烈焰，

　　自有人率先发掘出了那些

原本埋在茫茫大地之下的

　　何止成千上万的金银财宝，

知不知他们就此种下祸根？

206-207

VI.

那么，尽管你根本就不知道真正得到名誉地位是什么意思，而你却把它们捧上了天，在这样的情况下，我为什么还要来谈论什么名誉地位呢？这名誉地位一旦落入邪恶人的手上，那么，即使是埃特纳火山爆发，或者洪水泛滥，难道其危害性能比这更严重吗？我相信，你一定还记得，虽然那些手握大权的执政官们以前曾经使你的祖先们获得了自由，但当他们后来变得骄奢淫逸时，你的祖先们就希望废除这些执政官的权柄，而后者以前也曾经出于同样的原因把君王的政权从他们的城市驱逐了出去。而如果——尽管那是很难得发生的情况——一些善良的人获得了名誉和地位，①那么，他们除了兢兢业业地忠诚于他们所得到的名誉和地位之外，还会有什么其他的想法吗？所以，并不是德行由于有了地位才显得荣耀，而是地位由于有了德行才显得荣耀。但是，你所如此一心向往的权高位重，究竟是什么东西呢？哦，你这个迷恋世俗的人啊，你自以为是在谁之上呢？在一群老鼠中，你会看到有一只老鼠可以对别的老鼠发号施令，对此，你会觉得很可笑！不过，如果你去注意人的身体，你会发现，即使给一只小小的苍蝇叮咬了一下，或者有一条小小的爬虫爬进了人体，也常常会置人于死地，难道你还能找到比人更加软弱的东西吗？现在，人连自己的身体也管不了，还怎么去管别人，又怎么谈得上去掌

---

① deferantur[众望所归]，指具有 dignitates potentiaque[地位和权力]的人。

管自己的命运呢？难道你能够蛮横无理地强制某个心灵自由的

人去做什么事情吗？难道你能够使某个原本具有坚强理智的灵 208-209

魂脱离开他所拥有的宁静状态吗？当一个暴君想用酷刑迫使某

个自由人交代出与他一起谋反的同伙的时候,他咬断了自己的舌

头,吐到这个暴君的脸上,①而这样一来,便把暴君所施加的酷刑

变成他反抗暴君的德行了。那么,己所不欲,怎么可以施予别人

呢？我们读到过,那位想杀死来客的布西利斯*,自己反被来客海

格立斯杀掉。② 而雷古卢斯**曾经让那么多的迦太基俘虏带上了

铁镣,但没过多久,他自己也双手带上了铁镣。③ 既然那些权势显

赫的人自己也无法免于遭受他曾经强加给别人的种种痛苦,那

么,这样的权势又有什么了不起呢？况且,假如名誉地位本身确

实具有什么真正的善的话,就决不会让邪恶者拥有,因为二者是

水火不相容的。本性不容许让互相冲突的东西联结在一起。所

以,既然毫无疑问连邪恶透顶的人也往往享有名誉地位,那么,很

显然,这名誉地位本身并不是善的,连最邪恶的人也可以得到。

这就更值得去思考命运所赐给的所有礼物,因为淫邪之辈反而得

---

① 故事中的受刑者指古希腊哲学家阿那克萨库斯,暴君指塞浦路斯国王尼科克雷昂。故事可参见第欧根尼·拉尔修的《名哲言行录》,ix.59。

* 布西利斯(Busiris)为埃及国王,他对所有进入他国土的外国人格杀勿论。当大力神赫拉克勒斯(Hercules)来到埃及时,被戴上镣铐绑在祭台上,但他挣脱了镣铐,并杀死了布西利斯。——译注

② 参见 Apollod. ii.5.11;Claudian,xviii.159;Virg. *Georg*,iii.4。

** 雷古卢斯(Regulus)是第一次迦太基战争中驻扎西西里的罗马将军,他于公元前255年被捕入狱,于公元前250年被处死。——译注

③ 参见西塞罗《论义务》,iii.99。

到的更多。关于这一点，我认为值得注意的是，如果大家都看到某个人行为勇敢，就认为这人很勇敢，而如果大家都看到某个人办事敏捷，就认为这个人很敏捷。同样，擅长乐器的就是音乐家，

210-211　擅长医学的就是名医，擅长演说的就是演说家。因为任何事情的本性如何，决定了其特有的行为方式，绝不会跟与其相反的效果混合在一起，而是把一切与其相对立的东西排斥在外。然而，财富不能够消除一个人的贪得无厌，权势也不能使一个牢牢地被囚禁在邪欲之中的人恢复自主。而且，邪恶者所获得的名誉地位，非但没有使他们变得高尚，反而把他们的卑劣暴露无遗。怎么会如此呢？因为你对这样的事情用了错误的名称，你所窃窃自喜的事情不会带来持久的欢乐。所以，按道理，这些事情不应该被称作财富，不应该被称作权势，不应该被称作名誉地位。最后，我们可以依次类推到全部的命运，显然，那里面没有什么可以去愿望，没有什么东西原本就是善的，它既不只给予善良的人们，也不会使受予的人因此而成为善。

VI.

他尼禄如何残杀元老院和火烧罗马，

　　我们是记得的，

他如何杀害自己的兄弟和手刃亲母，

　　我们也是知道的；

面对母亲冰冷的躯体和若睡的美貌，

他在冷酷地欣赏。①

然而他那无比强大的权势却曾经

　　统治过众多子民，

东方的太阳照亮他们直到日落西山，

　　北斗星守着寒夜，

夏日里南来的熏风将沙滩烤成灼热，

　　映照出黝黑肤色。

似如此显耀的民众缘何却阻挡不了

　　尼禄的疯狂凶残？

厄运偏偏又伸出邪恶的利剑去助长

　　包藏剧毒之残忍！"

212-213

VII.

　　我这就接着说："你自己也知道，我对今世的种种事情已经看得很淡薄了，不过，我是生怕我很快就要年老体衰却一事无成，故而我希望有所作为。"对此，她回答："确实，就是这件唯一的事情，对于那些原本已经具有良好教养但还没能达到德性之完美的人来说，还是很有吸引力的，那就是，希望获得为民谋求福利的美名和佳誉。其实，这件事情是非常渺小和微不足道的。想一下，你从天文学的展示中曾经学到过，这块大地的疆域，相对于整个天

---

　　① 字面意思："但也许是在欣赏她美丽的遗容。"参见苏埃托尼乌斯《尼禄王》，24；塔西佗《编年史》，xiv. 9。

体,只不过如同针尖那么大小,也就是说,如果你把大地与整个宇宙相比,大地根本不值一提。在这个世界这么小的区域,也只有四分之一的部分才有我们所知的生物生存,那是托勒密①给我们证明了的。在这四分之一的地方,假如你设想把海洋、湿地和沙漠都排除在外,那么,余留下来可供人居住的地方就很少了。因此,蜗居在这样一个点里面的最小的一个点之中,你难道还指望扬名吗? 在如此捉襟见肘的狭小地方,还谈得上有什么声名昭著的宏大作为吗? 除此之外,就是在这么狭小的可居住的地域内,也居住着许多民族,他们有着各不相同的语言、服饰和生活方式,而由于交通不便、语言不通和交往不易,不仅个别人物的声名,就连一些城市的名声,也很难得到传播。最后,在西塞罗所处的时代,正像他所写到的那样,②尽管那时的罗马共和政体已经极度昌盛,着实使得帕提亚人和周围的其他民族望而生畏,却还是没有能够将影响扩大到高加索山脉去。那么,你不是可以看到,你所力求扩大和增加的声誉,是多么窄狭吗? 连罗马的声名也达不到的地方,罗马的某个人的声名又怎能达到呢? 况且,不同民族的习惯和法律是那么的彼此不同,同样的一件事情,某些民族会极力赞扬,而另一些民族会大加谴责,认为应当给予惩罚。所以,对于喜欢沽名钓誉的人来说,要在许多国家扬名,肯定是很难做到的。因而,每一个人都应该满足于在他自己的家乡可以获得的荣誉,应该认清,只有在一个民族的范围内,才有可能做到永垂

---

① Claudius Ptolemaeus[托勒密],数学家、天文学家、地质学家,活跃于 139—161 年。
② 参见 *Somn*. *Scip*. 6. 14 ap. Macr. *Comment*. ii. 10。

不朽。

可是，有多少在生时享有盛名的人，因不见于史载被人们彻底遗忘了，而即使见于史载，这样的著作连同其作者，也都随着时间的消逝而消逝，又有什么用呢？然而，你却想象你可以流芳千古。如果你认真思考一下那无穷绵延之永恒，那么，让你的名字有所延续，又有什么乐趣可言呢？因为，如果我们把一瞬间与一万年相比，那的确相差很远，却总还有一个比例可言，它们二者都只不过是有限的。但即使把这一万年再乘上好多倍，却总还是根本无法与那无穷的永恒相比。因为，凡是有限的东西，相互之间是可比的，而无限的东西，根本不容许跟有限的东西相比较。所以，名望声誉不管留存有多长，若跟无穷绵延之永恒相比，那干脆就一无所是。然而，你除了爱听取众人的吹捧之外，就不知道还要做些什么，把良知与美德原应具有的高尚品性都抛弃掉了，一味地在旁人的赞扬声中寻求满足。那就请你听一下，人们对这种卑劣的妄自尊大是如何讥讽的吧。有人责备某一个妄自以哲学家自居的人，说他凭的不是自己的美德而只是虚名而已，然后又告诉他，要知道自己到底是不是已经成为哲学家，要看能不能平和而有耐心地去承受别人对他的辱骂，这人听了之后就极其耐心地忍受着别人对他的种种辱骂，过了一会儿，觉得已经成功了，就问道：'现在你认为我是个哲学家了吗？'对此，批评者很尖利地答道：'假如你继续保持安静的话，我倒是会这样认为的。'不过，我们要说的是那样的一些伟人，虽然他们凭着自己的美德获得了荣誉，然而，在他们最终死去之后，那样的荣誉还能留存下来吗？因为，假如跟我的信仰相违背，认为人是会彻彻底底地死去的话，那么，曾经被认

216-217

为属于他们的所有东西,都不再延续下去,根本不会再有什么荣誉

了。然而,假如我们相信一颗无罪的心灵在摆脱了地上的囚禁之后

218-219　可以进入天国,那么,这样的心灵根本不会受限于地上的交通,而去

享受天国的福乐,欣喜终于摆脱了地上的各种事务,难道不是如

此吗?

VII.

凡是一心追逐名望之人,

　　无不希求藉此登峰造极,

该要他仰观无边天际,

　　也该要他悟识窄小世界;

如此必能藐视虚名假荣,

　　纵是弹丸之地也难填满。

人人都需背负沉重枷锁,

　　傲慢之人又何能幸免?

尽管有美名飞翔于列国,

　　显赫声名能得广泛传播,

有多少家族荣宗又耀祖,

　　一旦死神降临万荣俱毁,

哪顾得生前贫穷与富贵,

　　高贵与低贱如今成等同,

法布里齐与布鲁图斯与加图，①

　　显赫一生谁知遗骨安在？

只留下寥寥数行文与字，

　　雕刻在碑聊对虚名旧荣。

他们的英名我们曾阅读，

　　难道就此该去缅怀死者？

无人会对逝者时刻回忆，

　　以往的名望也一去不返。

但若你相信生命靠

　　那世俗的声誉经久延续，

难免随时间消逝遭剥夺，

　　你必将等待那二次死亡。

VIII.

220-221

然而，你不要以为我是在毫不留情地向命运宣战，有时候，你的这位命运女神也因不再行骗而显得重要，那就是说，她有时也不加掩饰地露出她的真面目。也许你还听不懂我所说的话。我想要说的是一件奇怪的事情，是很难用言语来表达清楚的。因为我认为，厄运比幸运对人们更有好处。因为在鸿运当头时，命运

---

　　① 法布里奇(Caius Luscinus Fabricus)，公元前 282 年任执政官，是 Pyrrhus 的反对者；布鲁图斯(Lucius Iunius Brutus)，公元前 509 年任执政官，共和国奠基人；加图(Marcus Porcius Cato)(Cato major)，公元前 195 年任执政官，是 M. Porcius Cato (Uticensis)的曾祖父。

显得高兴似乎在作抚慰，她是在作假，而在走背运时，她显得反复无常，倒才是她的本来面目。在前一种场合，她是在行骗术，而在后一种场合，她倒是在施教于人；在前一种场合，她把正在享受那些似善实恶的事物的人们给囚禁了起来，而在后一种场合，她倒是揭露了这些事物的本来面目，从而使人们获得了自由。所以，在前一种场合，你总是看到她是那么飘忽不定和趾高气扬；而在后一种场合，你看到的她却那么坚定沉着，显得很有智慧地去对付逆境。最后，好运会百般地奉承而迫使①人远离真正的善良，而厄运却会使人们回归真正的善良。经历了这种粗鲁而可怕的厄运之后，你难道没有发现其额外带来的一个好处就是让你认清谁是你忠诚的朋友吗？厄运帮你辨别了良友和不可靠的朋友；好运在离你而去时把属于她的那些朋友给带走了，剩下给你的才是你的朋友。假如你没有遭到厄运，假如你自以为交上了好运，那你

222-223 不知要花多大的代价才能买得到这样的好处呢！而现在，你却还在为你失去的财产感到伤心；你已经得到了你的朋友，那可是全世界最宝贵的财富啊。

VIII.

世上万物虽万变仍不离其宗，

　　自有亘古不变之法则作统辖，

　　太阳神驾车带来灿烂的白昼，

---

① 字面意思："用钩子拉回来。"

月亮神管辖金星引来的夜晚，

为贪婪大海设下了防波堤岸，

　唯恐滔滔洪水尽将大地吞没，

是友爱统领天地万物与大海，*

　条理成章必定有规矩与方圆。

友爱缰绳一松则必反目成仇，

　宁静有序之世界将分崩瓦解。

无它必全无神圣法则与婚典，

　忠诚友爱靠它才得牢固缔结。

世人之心如能仿效宇宙一般，

　纯真友爱也必引万民得欢乐！”

---

　* 这里的思想，很显然来源于古希腊哲学家恩培多克勒。可参见苗力田主编的《古希腊哲学》，中国人民大学出版社 1989 年版，第 112—113 页。——译注

《哲学的慰藉》第三卷

I.

　　她念完了她的诗句,但这些诗句仍旧萦绕在我的耳旁,使我久久不能忘怀,迫切地还想继续听下去。所以,过了一会儿,我说:"哦,你确实最有效地复苏了我那原先已经萎靡不振的心灵,你那些掷地有声的言辞和愉悦人心的乐句,使我得到了极大的安慰! 我不再认为自己无力去应对命运的袭击了。因此,我现在并不感到害怕,倒是一心渴望知道那些治疗方法,就是你告诉我的那些非常见效的治疗方法。"对此,她回答说:"你所说的,我已经都感觉到了,我看到你是那么认真和仔细地在听我说话,一直期待着你的内心会有这样的变化,或者,更确切地说,是我在诱使你发生这样的变化。因为,现在还可以运用的治疗方法,可以说,它们对于舌头来说,味道是苦涩的,而对于内心来说,却是甜蜜的。

既然你说你渴望听我讲话,那么,我告诉你,如果你先前就知道我们是要把你引向哪里,那你还不知会怎样如饥似渴地急于倾听呢!"我就问:"要引向哪里呢?"她答道:"要引向真正的福乐,而那正是你的灵魂所梦想的,可是,你的视线由于受到种种幻觉的迷惑,因而看不清什么才是真正的福乐。"然后,我就恳求她立即告诉我哪里有真正的福乐。她回答说:"为了你的缘故,我很愿意这样做,不过,我首先要尽力用一些言语来说明一下,先描述你熟知的一些事情,在你完全理解了以后,就可以通过反思与之相反的事情而发现完美的福乐究竟是什么样的。"

I.

想要往良田里播种的人,

　　先要从地里根除野草,

须将荆棘野蕨一一割净,

　　才能巴望取得良好收成。

饱尝过苦涩可厌的食物,

　　就越益感到蜂蜜之甘甜。

南风劲吹驱散狂风暴雨,

　　风过雨晴更显星光灿烂。

拂晓晨星迫使黑夜避退,

　　白昼如亮丽骏马在疾驶。

沉湎于虚假财富中的你,

　　首先须摆脱身上枷锁,

灵魂才得以拥有真理。

II.

228-229

　　然后,她低头向地上注目了一会儿,似乎在寻找她内心最奥秘的所在,她接着这样说道:"所有人的思想,由于受到各式各样烦恼的困扰,因而有着各不相同的经历,然而却都在努力去达到追求福乐的同样目的,这福乐是那么的善,以至于一旦获得,就别无所求了。它居于一切善之首,无论什么样的善,都尽包含于其中,而且,假如它还有所欠缺的话,它就不成其为一切善之首了,因为这样的话,一定还有某样在它之外的东西也是令人向往的。因此,福乐很显然是一种被一切善的东西所充满的境界。正如我们前面所说过的,所有的人都殊途同归地努力去获得这样的福乐。因为在人们的心中,自然怀有一种对真正善的东西的最热切的追求;然而,带有欺骗性的谬误却把这样的追求引向某种伪装成善的东西。从而,某些人认为,他们所要追求的最大的善就在于什么也不缺少,想尽千方百计去拥有大量的财富;而另外一些人则认为,享有荣誉才是最大的善,他们希望通过一步步的提升而得到周围同伴的敬重;还有一些人,将拥有强大的权势看作最大的福乐,他们或者自己去掌权,或者依附于君主。但是,那些认为声誉名望胜过所有这些东西的人,竭尽全力在远近扬名,不管是在战争时期还是在和平时期,都想干出一番伟业。许多人都以获得欢乐为善,他们最关心的是如何使自己满怀欢乐。也有些人,互换了这些事情的目的跟手段,他们需要财富是为了得到权势和欢乐,而他们需要权势是为了得到财富和名望。人们的行动

与愿望就瞄准在诸如此类的事情上,例如追求声名显赫和举世闻
名;追求妻荣子贵,其乐融融。然而,友谊这样一件最神圣的事
情,却并不从属于命运,而是从属于德行。其他的一些事情,则其 230-231
大部分的目的都在于得到权势或者欢乐。很容易把一切身体上
的优点都归结为我们前面提到过的那些源头。因为,身强力壮使
人精力充沛;英俊敏捷使人享有美名;而健康也产生出快乐。归
根到底,我们所极力追求的无非是得到幸福而已。因为任何人最
为追求的,就是他认为的至善。至善就是幸福。所以,他把人生
的幸福看作胜过一切的首要大事。

你看到了人间交好运的样式——富有、荣誉、权力、欢乐。伊
壁鸠鲁只考虑这些事情,认为能寻欢作乐是自己最首要的幸福所
在,因为其他一切事情似乎都只能取悦于灵魂。但是,我现在再
返回到人们所抱有的那些缜密的想法,尽管他们的头脑不那么清
楚,可是他们还都在寻求至善,不过,就像一个喝醉了的人那样,
已经不认得回家的路。他们尽力想做到不欠缺任何东西,难道他
们这样的做法有什么不对吗? 可是,能做到充分拥有一切善的东
西,应有尽有而不需要寻求别人帮助,那样所获得的幸福是其他
任何事情都比不上的。或者,那些认为至善即最值得尊敬的人,
难道他们有什么错吗? 没有。因为几乎所有人都努力要获得的
东西,就不是什么卑劣低贱的东西。或者,权力不应该被视为善
吗? 那明显胜过其他一切事情的事情,为什么被说成软弱无力
呢? 或者,名望就应该遭到蔑视吗? 然而,不可否认的是,凡是最
优秀的,也是最有名望的。即使在一些最细小的事情上,我们也
总是希望得到我们喜欢拥有和享受的东西,那么,再要我说幸福 232-233

并不是悲哀伤心的事情,说它不会受到忧愁和困惑的支配,岂不是多此一举吗? 那么,我们就说,这些就是人们渴望获得的东西,为了这个目的,人们希望得到财富、声誉、王国、荣誉和快乐,因为他们以为有了这些他们就可以得到满足,就可以受人尊敬,就可以得到权势、声誉和欢乐。因此,这就是人们通过各种欲望而追求的善,从中可以明显地看到本性的力量在起作用,因为尽管会有许多不同的意见,但其共同点在于他们都是为了自己的目标而选择善的东西。

II.

那掌控世间万物的条条缰绳,
　　均由威力强大之自然严加管束,
她的法律无微不至地照料着
　　这样一个无边无际的世界的安全,
她运用她那坚强而有力的手,
　　一一勒住缰绳确保世间万事井然。
让我们拨起琴弦尽情讴歌那
　　伟大壮观又时时运筹自如的自然。
那迦太基雄狮带上富丽脚镣,
　　温顺平和舒适躺卧无须为吃喝发愁,①
诚惶诚恐唯恐惹主人发怒,

---

① 字面意思:"取得由手喂给的食粮。"

只得低声下气任凭主人鞭打与惩罚，

如若有鲜血将狮颚触碰，

势必抛却懒态①回归兽性愤怒作狂吼，

大自然赋予之野性重又唤醒，

挣断了颈上铁链昂首阔步威风大震；

狠毒怒狮竟扑向那饲养之人，

只落得血肉模糊惨不忍睹撕裂成片。

又见那树林中欢乐戏耍啼鸟，

无端遭捕捉残忍地关闭在鸟笼之中，

失却的自由何以能够得补偿，

234-235

纵有小鸟主人细心照料精心来饲养，

竭尽全力精美饲料堪称上乘，

只恨终日禁锢笼中欲展翅哪得高飞，

空回想往日在林中自由飞翔，

满腔怨恨无处发泄而举足踢翻美食，

林中情景勾起它的阵阵忧思，

莺歌燕舞但闻啼鸟之声此唱又彼和。

手上用力固然可以弯下树枝，

殊不知如若一旦把手给轻轻地放开，

弯曲到地的树枝又朝天挺直。

时至傍晚太阳神便悄悄地隐入西山，

到明日又穿过密道返回天空，

---

①　字面意思："它们之前一直怠惰的精神，重又焕发起来。"

太阳神的座车如疾风凌驾大地奔驰。

万物无不遵循其各自的规律，

　稍有偏差也随即返回到固有之位置；

万物生生灭灭自有循环往复，

　唯独既知其生又知其灭才得晓其律。

III.

哦，你们这些凡夫俗子啊，你们也有些朦朦胧胧地承认了你们的起源，而且你们也还是有一点点觉察到了幸福的真正目标所在，这样，本性的意向是引领你们去获得真正善的东西，而各式各样的谬误却诱使你们远离这真正善的东西。你们要考虑一下，人们认为可以借以获得幸福的那些东西，究竟能不能带领他们达到他们预想的目标。因为，假如金钱、荣誉或者诸如此类的东西，它们确实可以使他们完全拥有善的东西的话，那么，我们也愿意承认，它们是能够使人们幸福的。可是，如果它们既不能够履行它们的许诺，又欠缺许多称得上是善的东西，那么，它们岂不是明摆着只具备幸福之假象吗？为此，既然你自己前不久还十分富有，那我要问你，你那时拥有那么多的财产，你的内心难道未曾烦恼过吗？"我回答："我记不清我的内心那时是不是得以解脱，不过，总是有这样那样的事情使我烦恼。""那是不是因为你还缺少什么你想要得到的东西，或者你拥有了什么你不想要的东西呢？"我回答："确实是这样。""如此说来，你是想要某些东西，而又不想要另外一些东西吗？"我回答："我承认，是这么一回事。"她接着说道：

236-237

"这样的人岂不是缺少了他想要拥有的东西吗?"我回答:"是的。""可是,凡是感到缺少某样东西的人,是不是总对自己不满足呢?"我回答:"是不满足。""所以,虽然你那么富有,但你是不是还不满足呢?"我说:"为什么不呢?""财富不能够使一个人无所欠缺,也不能够使他感到满足,尽管这似乎是财富所许诺的。但是,最必须要考虑到的事情,就是钱财本身并不具有可以保证其不会从拥有它的人那里违心地被夺走的本领。"我说:"这个我是承认的。""眼看每天都有那些有权势的人夺走别人的钱财,那你还会不承认这一点吗? 不然的话,哪会有那么多的人向法院投诉,希望由法院做主帮他们索回他们被抢走或者被骗走的钱财呢?"我说:"的确是这样。""所以,任何人都需要别人帮助来守住他的钱财。"我说:"有谁会否认这个呢?""不过,除非他所拥有的钱财会失去不然的话,他根本不需要这样的帮助。"我说:"无疑是这样的。""现在,事情走到正相反的方向了;正是那被认为可以使人感到满足的钱财,反而使人需要得到别人的帮助。贫与富之间究竟差别在哪里呢? 富人不是也会感到饥渴吗? 富有钱财的人,难道他们冬天就不会感到寒冷吗? 不过,你会说,有钱人有钱去吃饱喝足,有钱去穿暖。然而,即使是这样,虽然有了钱可以在一定程度上缓解这样一些匮乏,但不可能完全去除这些匮乏。因为,虽然可以用财富来满足这些迫切的需求,但总还是存在某些需要得到满足的需求。我不用多说,本性是容易得到满足的,但贪心是不会得到满足的。所以,如果财富不可能去除匮乏,甚至还会产生匮乏,那么,你为什么还要想象财富可以产生满足呢?

238-239

III.

富人纵有金山银山，

　　欲壑难填贪心不减，

红海名珠颈项生辉，

　　肥沃良田耕牛勤耘，

依然痛苦陪伴毕生，

　　死后更无财富携带。

IV.

可是，有了高官显职，就可以使他到处受到大家尊敬和崇拜。难道高官显职的确具有力量，可以在那些获得高官显职的人的心灵之中植善除恶吗？但通常的情况却是，他们非但没有除恶，反而明目张胆地在为非作歹。所以，我们经常会抱怨，一些最邪恶的人却获得了高官显职。因此，卡图鲁斯称那位身居高位的诺尼乌斯*为毒瘤或坏种。① 那些邪恶之人的头上却堆砌着一大堆显赫的声名，这你看到了没有呢？假如他们这些人没有升官的

240-241

---

　　* 卡图鲁斯（Catullus），公元前 80—前 50 年，罗马著名抒情诗人。不过，这里也许是波爱修斯误解了卡图鲁斯的诗句。实际上，诺尼乌斯（Nonius）的名字叫 Struma，它的意思就是"瘰疬"。——译注

　　① 参见 Catull. lii. 。

话,那他们的卑鄙无耻也许就不会这么臭名远扬了。在发现德科拉图斯*是个可鄙的无赖和密探之后,面对着那么多危险,你还会与他为伴吗?我们不可能根据这些人所得到的荣耀就认为他们配受到尊敬,相反,按照我们的判断,他们根本就不配得到这样的荣耀。然而,如果你见到任何一个富有智慧的人,你会认为他不配受到尊敬,甚或认为他不配拥有他所拥有的智慧吗?肯定不会这样。因为美德具有它所特有的尊贵,即它现在赋予它的拥有者的那种尊贵。而那些庸俗的权贵做不到这一点,因此,很显然,他们并不具有真正的尊贵所特有的美。

更值得我们注意的是,如果说遭人鄙视会使人自惭,那么,对于邪恶的人来说,越是把他们公之于众,他们的高官显职就越是遭人唾弃。然而,那些高官显职也因此遭了殃,因为邪恶的人想方设法去玷污它们。你可以很明白地看出,凭借这样一些受到了玷污的高官显职,不可能得到真正的尊敬。我们不妨让一个长期任罗马执政官的人到一些未开化的野蛮民族那里去;他的头衔会使那些野蛮民族对他尊敬吗?然而,假如高官们原本就具有这样的品性,那么,他们在任何民族那里也许都不至于抛弃掉他们的职能;这就像火焰一样,随便到哪里都一样发热。但是,正因为那并不是他们自有的本性,而是由于某些人的不实说法才造成的,因而,一旦把他们带到那些不承认他们的尊严的地方,他们就变 242-243得一无所是了。

---

* 德科拉图斯(Decoratus),约公元 508 年任罗马刑讯官,是个善于谄谀的宠臣。参见 Cassiod. *Ep*. v. 3,4。

　　这是说的外国。那么，在他们发家的地方，他们就能够一直维持人们对他们的尊敬吗？过去，罗马总督是一个很受人尊敬的职位，然而现在却徒有虚名了，反而成了元老院的包袱。倘若某个总督关心老百姓的粮食，那么，他就算是一个伟人；可是，有什么比总督这个职位更加卑劣的呢？因为，正如我们前面所说的，凡是不具有自身固有尊严的职位，其价值就取决于占有这职位的人，时而有所得，时而有所失。因此，如果高官显职并不能使我们产生崇敬感，如果它们很容易受到邪恶者的玷污，如果有好多个民族都对之鄙视，那么，这样的高官显职本身还谈得上有什么美，或者说，还值得别人向往吗？

IV.

凶残淫邪的尼禄王，
　　尽管身穿紫袍倍显珠光宝气，
却始终难以逃脱掉，
　　举国上下万众民心之切齿痛骂。
德高望重之元老院，
　　反受制于那恶王手下之劣官。
如此绝顶邪恶之徒，
　　纵有所赐又何以使受者得增荣？

V.

可是，君王以及君王的近臣，有没有办法让一个人变得有权有势呢？假如他们这些人的好运能够一直保持下去，那为什么不会呢？可是，古往今来，不知可以举出多少个例子，从中看到许多 244-245 君王是如何转福为祸的。哦，绝妙的权势啊，却不足以使自己保持下去！假如君王的权力确实是福乐之创造者的话，那么，只要少了它，岂不是无论如何都会使欢乐有所减少而忧愁有所增加？然而，实际情况是，虽然某几个帝国幅员非常广阔，但还是有许多个民族仍旧不在它们的统治范围之内。只要权力不再使他们感到欢乐，相反，权力就会使他们感到忧愁，所以，所有的君王，他们必定欢乐少而忧愁多。那个暴君，他凭经验知道自己处在危险之中，他将一个君王所经受的恐惧比喻成一把悬在头上的出了鞘的利剑。① 这样既不能去除又不能避免那针刺般的烦恼和揪心的恐惧的东西，算是怎样的权力呢？他们还不如太太平平地生活着，但他们却做不到，不过，尽管如此，他们还在夸耀手中的权力呢。难道你会觉得一个想做什么事情而又做不到的人有多大权力吗？一个少了卫兵就不敢独自行走的人，一个害怕别人胜过别人害怕他的人，一个只在仆人面前摆威风的人，会有多大权力吗？既然我已经指出了君王们自己就有那么多的弱点，还有必要去谈论君王的随从吗？君王们对他们的随从更是动辄加罚，有时甚至

---

① 西塞罗《图斯库兰谈话录》，v.21.62。

处死。尼禄命令他的挚友和导师塞涅卡*自行了断。① 安东尼让他的卫兵用剑将那位长时期不离他左右的廷臣帕批尼阿努斯*宰割成块儿。② 他们两人都曾表示愿意放弃一切权力，塞涅卡甚至已经把他自己的全部财产都上缴给了尼禄，一心去过闭门思过的生活。但是，正是由于他们以往的权高位重导致了他们的悲惨下场，使他们两人无一能得幸免。所以，当你想要拥有权力的时候，你并不安全；而当你想要放弃权力的时候，你又无可逃脱，拥有这样的权力，又有什么意思呢？结交一些并不是看重我们的道德高尚而是看重我们鸿运当头的朋友，又有什么意思呢？在我们鸿运当头时来做我们朋友的人，一旦时去运衰，就反目成仇了。反目成仇的亲密好友，有什么样的瘟疫能比他们更伤害我们呢？

246-247

V.

想要拥有权势的人，

　　就该克制自己的情感，

决不可听任情欲之缰绳，

　　使自己愚蠢地俯首帖耳。

虽然直到远方印度国土，

　　万里疆域无不唯命是从，

---

① 参见塔西佗《编年史》，xiv. 53，54。

* 塞涅卡(Seneca)于公元 65 年被尼禄勒令自尽，帕批尼阿努斯(Papinianus)于公元 212 年被安东尼皇帝处死。——译注

② 参见 Spartian, *Caracallus*, 8。

虽然四面八方天涯海角，

　　在你威严令下俱都顺从，

但如若你不能坚忍不拔，

　　不能挺身而出坚决驱散

种种非凡的烦恼和悲哀，

　　你的权势将如秋风落叶。

VI.

　　至于说到荣誉，它往往是那么不择手段地弄虚作假！正因此激发起那位悲剧诗人*的哀叹："哦，荣誉啊，荣誉，就是你，使那么多低劣的凡人变得位高权重了。"①因为许多人得享大名是由于普通百姓的偏见才造成的。难道还有比这更加卑劣的事情吗？因为，凡是错误地受到赞扬的那些人，理该对他们所受到的赞扬感到内疚。而一个智者，他不是根据街谈巷议，而是根据自己的良知来评价自己的优点，那么，这样的智者如果获得荣誉，那也是因功而得，他们怎会有什么不安呢？如果人人都企求美名远扬，那么，理所当然，我们一定不会干出阻碍自己美名远播的傻事来。然而，正如我不久前刚说过的那样，一个人的声望在许多民族那里根本到达不了，你认为声誉昭著的人，在世界上大部分地方可能根本就默默无闻。在此，我认为老百姓传扬的荣誉是根本不值

248-249

---

*　指古希腊悲剧家欧里庇得斯（公元前约 480—公元前约 406）。——译注

①　欧里庇得斯《安德洛马刻》，319。

得一提的，因为它既不是来源于判断，又没有任何坚定性可言。同样，所谓出身高贵，谁没看出那是一件虚无缥缈的事情呢？就算这是一种荣誉，也不属于我们自己。因为出身高贵是对我们的祖先功德的一种赞扬。可是，如果说赞扬可以导致荣誉的话，那么，受到赞扬的人必定是有名望的人。所以，如果你没有什么属于自己的荣誉，那么，别人的荣誉是不会给你带来名望的。但是，假如说出身高贵有什么好处，那么，按照我的看法，只有一样，就是它驱使那些出身高贵的人记住，不要让他们的高贵出身蒙羞，要保持他们祖先的优良品德。

VI.

论出生万千世人无不雷同，
　　世上万物均来自同一天父，
日月之交辉原是天父所赐。
众星辰自能安居上界高天，
芸芸众生则栖身下界大地；
　　他让灵魂从天而降入人体，
如是世人原初本应属贵裔。
　　你而今能否以祖先为夸耀？
如若认定上帝永为你始祖，
　　世上就此无人遭贬称低贱，
只可惜上帝教导常遭冷落，
　　而今多人行恶良种受毁坏。

250-251

VII.

那么，我该如何来谈论那些肉体之欢呢？肉体之欢是世人所极力追求的，而享受肉体之欢却往往会滋生出悔恨之心。享受肉体之欢的人们，由于他们自己的胡作非为，这样的欢乐会给他们的肉体带来何等多的疾病和难以忍受的悲痛啊！虽然我并不知道这些肉体之欢起初有过什么样的甘甜，然而，凡是沉湎于肉欲的人都应该知道，欢乐的结局就是忧愁。倘若说这样的欢乐的确能够导致幸福的话，那么，就没有理由一定说兽类没有福乐可言，因为兽类的全部追求就是能够满足肉体上的需要。妻儿团聚享受天伦之乐，原本该是最纯真的欢乐；然而，出于本性，某些人对孩子过分挂虑，担心其可能会遭遇到的事情，这一点，我想我不需要对你多说了，因为你已经有这方面的体会，至今也还在放心不下。在这件事情上，我愿意引用欧里庇得斯的观点，他曾经说过，没有孩子的人，反而因其不幸而过得幸福。①

VII.

252-253

一切的欢乐都有相同的结局：

享有的越多越受到伤害。

---

① 参见《安德洛马刻》，420。［译按：欧里庇得斯的原话是这样的："抱怨没有孩子的人，其实比有孩子的人少受痛苦，他们因祸得福了。"］

欢乐好比那奋而展翅的蜜蜂，

　　一旦它将欢乐的蜂蜜洒落尽，

　　旋即振起敏捷双翼凌空而飞，

　　却将蜂螫留在了我们的心房。

VIII.

　　所以，毫无疑问，如此的幸福之路并不是什么正道，这样的途径不可能如其所允诺的那样将一个人引向幸福。我接下来要简单地告诉你，这样的途径中包藏着多么大的邪恶。为了什么呢？你想拼命积聚钱财吗？可是，如此的话，你就要从别人那里夺取钱财。你想获得地位吗？那你就要向那些赐予者卑躬屈膝，你为了有比别人更高的地位，就要不择手段地去乞求。你想拥有权势吗？那你就要时刻提防你手下的人背叛你。你想享有荣誉吗？那你就得处处小心，担心有人会暗算你。你想过寻欢作乐的日子吗？可是，成天只是为了去满足像肉体这样卑劣而低贱的东西，怎么会不遭到鄙视呢？那些自夸体格强壮的人，其实他们所拥有的乃是多么不可靠的东西啊！难道你能长得比大象还大、力气比公牛还强，或者，你的行动能比老虎还敏捷吗？看看苍天吧，它们是如此广袤辽阔，如此经久恒定，如此运行迅速，那你就再也不会去赞赏那些低劣不堪的东西了。其实，苍天之所以受到赞赏，除了上面所讲的这些性质外，更是由于管理它们的那种奇妙方式。至于外貌之美，你看它消逝得何等迅速啊！就如同春天里开放的花朵，正可谓短暂易谢。假如人们像亚里士多德所说的

254-255

那样，①具有林叩斯那样的眼睛，使他们可以穿越石头墙壁而看见东西，那么，即使阿尔西比亚德斯*那样相貌堂堂的人，一旦看到了他的内脏器官，不也同样显得很丑陋吗？所以，并不是你的本性，而是观察你的那些人的眼睛的弱点，才使得你看起来相貌堂堂。但是，不管你如何抬高你的肉体之善，还是要承认，只要生上三天疟疾发烧过后，你扬扬自得的所有东西就都烟消云散了。我们由此可以得出一个简单的结论：这一类的善，既不能履行它们的诺言，也不能总括一切的善，它们尽管列出了好多条途径，但都不能引导人们走向幸福，也不可能使人们得到幸福。

VIII.

> 无知啊，是你在引领那些可怜的人们
> 　　偏离正道而误入歧途！
> 是绿树，你休想从树底下挖出金矿来，
> 　　葡萄中也拣不出珍珠，
> 要知道，走到高山上任你撒什么鱼网，
> 　　绝无可能得些许收获，
> 如若你，酷爱狩猎最以追逐猎兽为乐，
> 　　那就不该奔跑到海洋。

---

①　可能出自亚里士多德散佚的《劝勉篇》(*Protrepticus*)。见 Bywater, *Journal of Philology*, ii. (1869), 59, and Hartlich, *Leipz. Stud.* xi. (1889), 250。

*　林叩斯(Lynceus)，神话中视力敏锐的神灵。阿尔西比亚德斯(Alcibiades)，公元前452—前404年，是雅典极盛时期一位以外貌英俊著称的统帅和政治家。——译注

　　　　海波啊,但见汹涌波涛淹没处处暗穴,

　　　　　矫健寻珠人洋面翻腾,

　　　　已知晓,何处海岸盛产晶莹东方明珠,

　　　　　又知紫红名珠产何方,

256-257　　更明白,鱼儿种类何止有成千上万,

　　　　　分门别类捕鱼各有所需。

　　　　却可惜,论到需要去找那居首之善,

　　　　　顿时明目变瞎成盲人。

　　　　明明是,所求之福乐唯独翱翔在高天,

　　　　　却为何遍地忙碌寻找。

　　　　笨人啊,面对你们我又该用何言责骂?

　　　　　且听任他们追逐名利,

　　　　到那时,吃尽千辛万苦却得虚名假利,

　　　　　才得醒悟正道知真善。”

IX.

　　“至今为止,我们已经揭露了虚假的好运所采取的形态,如果你对此看清了,那我们接下来就向你指明什么才是真正的幸福。”我说:“我看清了,不能靠富贵来获得满足,不能靠当官来获得权力,不能靠威望来获得尊敬,不能靠荣耀来获得声誉,也不能靠放纵来获得欢乐。”“那你是不是也明白为什么会如此呢?”“我想,我明白了其中的一些道理,但我还希望由你来给我做更加清楚的解释。”

"这里面的原因是很显然的,那原本很单纯的和没有被分割开来的东西,人们却错误地将其分割开来了,使其从原来纯真而完美的东西转变为虚假而不完善的东西。原本无所欠缺的人,难道你认为他会需要什么权势吗?"我回答:"那绝不会。""你说得很对,因为倘若某一种权力在某一个方面显得软弱无能,那它就必须得到别的事物的帮助。"我说:"确实是如此。所以,满足和权力二者具有同样的性质。""似乎是这样。""那么,你认为具有这类性质的事物应当受到鄙视,或者胜过其他一切东西应当受到尊敬呢?""毫无疑问应当受到尊敬。""那就让我们加上受尊敬,跟满足与权力放在一起,把这三者视为同样的东西。""如果我们承认真理的话,那我们就应该加上受尊敬。"

她又说道:"那么,你以为这一切是微贱而低劣的,还是优秀而荣耀的呢? 想一下,那被你确认为不欠缺任何东西的事物是最有实力的,最值得荣耀的,然而,它似乎还缺少声誉,而声誉却是它自身无法产生出来的,从而,在某个方面,似乎更加低微。"我说:"但我必须承认,要是做到这样,也就成为最有声誉的了。""倘如此,我们就必须承认,声誉跟上面所说的那三项没有什么区别。"我说:"我们必得这样承认。""这样,那什么也不欠缺、靠本身的力量能够办成一切事情、声誉卓著而普受尊敬的事物,岂不显然又是最欢乐的事物吗?"对此,我回答:"如果连这样的一个人也会感到不幸福,我是难以想象的。所以,如果我们迄今为止所说的都是真实的,那么,我们必须承认,这样的人就是最快乐和最满足的人。""那么,由于同样的理由,我们可以得出结论说,满足、权力、声誉、尊敬、欢乐,这一切,实际上只不过是名称不同而已,并

258-259

没有什么区别。"我说:"可以得出这样的结论。""那么,就本性而言,这乃是单纯的同一件事情,是人的邪恶才将其分割开来的,而当他力求从这原本并不是由各个部分所组成的不可分的整体中去获得其中的某个部分时,他既得不到任何一个部分,也得不到他并未追求的整体。"我说:"怎么会如此呢?"她回答:"凡是追求财富的人,想到的只有钱财,他不去多考虑什么权力,他宁可自轻自贱,为了不失去他所获得的钱财,他甚至甘愿抛弃许多自然的欢乐。但是,他用这样的方法无法得到满足,权力离弃了他,烦恼骚扰着他,位卑使他自惭形秽。另外,凡一心向往权力的人,他耗尽财产,各种欢乐都引不起他的兴趣,连那些不能显示权势的荣誉,他同样也不屑一顾。可是,你看到,这样的人其实有着多少欠缺啊。因为,有时候他会连生活必需品也欠缺,焦虑万分,由于无法得到解脱而丧失了他奉为至上的权力。对于地位、荣誉、欢乐,情况也是这样。因为,这些事情中的每一样事情,都跟其余的事情相同,无论是谁,如果只追求其中的任何一样而不追求其他,他就得不到他所希望得到的。""那又如何呢?""如果一个人要得到所有这一切,他就应该希望得到幸福之总和。但是,在我们所指出的那些事情中,他能否发现,这样的话根本不可能实现它们所允诺的事情?"我说:"是不可能。""所以,我们决不应该认为这些事情是实现我们愿望的若干个组成部分,我们决不应该在这些事情中追求幸福。"我说:"这一点我承认,真是千真万确。"她又说道:"现在,你已经从形式和原因两方面认识清楚了什么是虚假的幸运;接下来,请你把你的眼光转向相反的方向,你立即就可以发

260-261

现我们答应让你看到的那个真正的幸福。"我说："那是显而易见的，恐怕连瞎子也会明白，前不久，在你设法揭露虚假幸运之原因的时候，你就给我指明了。因为，要是我没有误解的话，真正的幸福就在于使人感到满足，掌有权力，受到尊敬，享有盛誉，心中喜乐。而且，正因为你知道我正确理解了你的意思，所以，既然这些事情全都是合而为一的，因而，我认为凡是能够真正实现其中任何一件的，就是完整而完善的幸福。""哦，我的门徒啊，如果你再加上一项，我就认为你因了这样的观点而得福了。"我问道："那是什么呢？""难道你认为有什么凡俗的或者脆弱的事物可以产生这样的幸福吗？"我回答："我并不这样认为，而且，那已经由你证明过了，已经很明白的。""所以，这些事物似乎给人们真善的假象，或者，某些不完美的善，然而，它们不可能将真正而完善的善本身提供给他们。"我说："我也是这样想的。""那么，既然你知道什么是真正的幸福，而什么只是真正幸福的一个虚假的表现，留待你做的是应该了解在哪里能找到真正的幸福。"我说："这正是我长久以来真诚地希望得到的东西。""但是，正如柏拉图（在《蒂迈欧篇》[①]中）所教导我们的那样，我们在每一件最细小的事情上，都必须求助于神灵，那么，你想吧，为了使我们配得上可以寻找到那个至善的地方，我们应该做些什么事情呢？"我回答："我们应该祈求那万物之父，如果没有他的回应，就不会有什么良好的开端。"她说道："你说得很对。"接着，她就唱起了下面的诗。

262-263

————————————

① 见柏拉图的《蒂迈欧篇》，第 27 篇。

IX. ①

"哦,天地之父啊,是你,使时光忽忽而过,

　　是你,恒久不变地掌控着这个世界,

是你,岿然不动却驱动万物经久不息地运转,

　　无须任何来自外部的原因来打动你心,

就凭着你那毫无半点嫉妒心的美好愿望,

　　满怀善心的你将恩典赐予每一样事物,

是你,使得世上一切造物无不获得至高的形态,

　　你那高尚的心灵造就这世界如你一般高尚。

这全部的完美恰源于其中每一样东西的完美,

　　你将冷热干湿各样的元素都糅合到了一起,

似熊熊烈火既不会飞上天空也不会坠入大地。

　　是你,将处在三重本性*之中央的作为原动力的灵魂

恰如其分地配置到那些互相协调的部分中去,

　　那灵魂,虽然被分割成具有不同历程的部分,

却又回归自身而将至高的灵心圈在自己范围内,

　　然后以高度相似的方式创建惊天动地的伟业。

---

　　① 这首诗是《蒂迈欧篇》第一部分的精妙节述,在中世纪早期,许多注释家都对之趋之若鹜,而他们对柏拉图的直接知识也都限于 Chalcidius 所译的这篇对话。

　　* 三重本性,是柏拉图在《蒂迈欧篇》中提出的对事物的看法,指变动的东西、变动在其中得以进行的东西、变动的东西模仿它并从它那里生成的源泉。参见苗力田主编的《古希腊哲学》,第381页。——译注

是你,用类同的方式创造出灵魂和低等生命,

　　让它们乘上疾驶的快车遍布天涯海角,

你,就是它们的神,在你慈父般的呵护下,

　　它们如同熊熊烈火重又返回到你的脚下。

亲爱的父啊,让我的心灵飞升到你神圣的宝座旁,

　　让我得以目睹恩典之源泉和你的光芒,

为的是使我的灵魂如此可以清晰地见到你。

　　恳求你去掉压在我身上的沉重负担,

求你把你那最明亮的光芒也照耀到我们,

　　一切虔信你的信徒唯有从你那里得到宁静和平安,

能见到你的光芒才是他们的最终目的,

　　你是他们的创始者和引导者,

也是他们的归宿和道路。①

266-267

X.

　　所以,既然你已经看到了完善的善和不完善的善各是什么样子的,我想,我们现在必须揭示,该如何才能使幸福得以完善。而首先,你应该了解,在全世界范围内究竟有没有可能存在像你所定义的那种善;否则,我们就会因为不明真相而自欺欺人地陷入空想之中。然而,不可否认的是,的确存在某些事情,它们看起来似乎是一切善之源泉。因为,所有被说成是不完善的事情,人们

－－－－－－－－－－－－－－

　　①　参见《神学论文集》第四篇论文(本书第 70 页起到篇末)中的名词串。

都认为正好是需要加以完善的。由此可见,如果我们在某种事物中发现某一样还不完善,那么,在同一类事物中肯定需要有某个完善的东西存在。因为,如果我们撇开了完善,我们就不可能设想什么不完善。因为事物的本性并不是起始于什么有缺陷的和非完善的东西,而是出自于完整而绝对的东西,然后才逐渐堕落成偏激和软弱的东西。然而,正如我们上文所述,假如确实存在某种只依赖于脆弱之善的虚假幸福,那么,毫无疑问,也还存在某种坚实而完善的幸福。"我说:"你得出这样的结论,那是非常确切的。"她又说:"那么,想一想,这样的善究竟在哪里。按照人们内心中普通的想法,上帝,万物之君主,他是善的。因为,既然无法设想还有什么会比上帝更善,那么谁会怀疑如果没有比上帝更善的,则上帝就是善的? 而理性为了向我们证明上帝是善的,明确要求上帝必须是完完全全的善。因为倘若上帝不是这样的话,他就不可能成为万物之主。倘若还有什么胜过他而具有完全的善,那么,这样的东西似乎比上帝更古老、更卓越。因为显而易见的是,完善的东西总是先于不完善的东西。所以,只要我们不是在做无谓的概念游戏,那么,我们就必须承认,至高无上的上帝最充分地拥有着至上而完全的善。可是,我们已经得出结论,这完全的善就是真正的幸福,故而,真正的福乐必定寄寓至高无上的上帝中。"我说:"我同意,那是无可反驳的。"她又说:"不过,我请求你勇敢而严正地去认可我们所说的事情,那就是,至高无上的上帝最充分地拥有至高无上的善。"我问道:"要我如何去认可呢?""你不可以假定万物之父是从别的什么东西那里接受这个至善,似乎他是由别的什么东西得到充实,同样,你也不可以假定他出

268-269

自本性就拥有这样的善,不可以认为那被拥有的福乐,跟拥有这个福乐的上帝,二者在实质上是各不相同的。因为,如果你认为上帝是从别的什么东西那里接受这个善的话,那么,你会得出结论说,那给予善的比接受善的更卓越。但是,我们已经最肯定地确认,上帝是万物之中最卓越的。而如果他出自本性就拥有善的话,那么,这个善就是另类的事物了,既然我们说上帝是万物之主,那么,怎么能想象有谁能把两类不同的东西捏合到一起呢?最后,那个跟任何东西都不相同的东西,与那个被认为与之不同的东西是有别的。所以,从本性上说区别于至高之善的东西,就不是至高之善本身。我们决不可以如此去想象上帝,我们当然知道,没有什么东西比上帝更加完美。因为,毫无疑问,没有任何东西的本性可以比其起源更完美。因此,我可以最确切地得出结论说,那成为万物之起源的主宰,在他自身的本质之中已经是最首要的善。"我说:"那是非常正确的。""可是,你承不承认这最首要的善就是福乐呢?"我回答:"是的。"她接着说道:"所以,我们必须承认,上帝就是福乐本身。"我说:"我不能反驳你以前提出的那些论点,现在也认可从这些论点演绎得出的结论。"

她又说道:"那么,你想一下,倘若要更有说服力地来证明这一点的话,那是因为不可能存在两个各不相同的首要的善。因为很显然,如果有两个各不相同的善的话,那么,二者之任何一个都是不完全的,都欠缺对方所拥有的。可是,凡不完全的显然算不上最首要的,故而首要之善是不可能各异的。现在,我们已经证明了,福乐与上帝,二者都是首要之善,因此,至高的福乐必定是至高的神性。"我说:"这样得到的结论是再确切不过的,论据是那

270-271

么充足,跟上帝他自己又那么般配。"她说:"在这方面,就好比几何学家们①经常做的那样,从他们已经证明了的命题出发,推导出推论(*porismata*),我也要给你一个附论(*corollarium*)。因为既然人们靠获得福乐才成为有福之人,而福乐不外乎就是神性,所以,人们很显然是靠获得神性才成为有福之人。正如人们是靠获得正义才成为义人、靠获得智慧才成为智者一样,获得了神性的人们,必定同样成为神了。所以,任何一个有福之人,都是一个神,然而,就本性而言,只存在一位上帝;不过,通过分享,却又可以有许多个神。"我说:"这倒的确是一个出色的推论或附论。""可是,再也没有什么东西比理性要求我们去添加的东西更优美的了。"我问道:"那是什么呢?"

272-273

她说:"既然福乐中似乎包含有很多事情,那么,究竟是它们作为福乐这个整体中的各个不同的组成部分,还是它们中的某一个成分构成福乐之主体而其余成分都归于福乐呢?"我回答:"我希望你能通过列举细节来清楚地解释这一点。"她说:"难道我们不认为福乐是善吗?"我回答:"是的,是最首要的善。"她说:"你可以把福乐加到它们所有的事情上。因为福乐被认为是最首要的满足,是最首要的权力、地位、声誉和欢乐。那怎么样呢?所有这一切——满足、权力等等——,究竟是由于它们是福乐之组成部分而成为善,还是以从属身份归属于它而成为善呢?"我回答:"对于你所陈述的事情,我是理解的,但我希望听到你所下的结论。""这就是问题的关键所在了。假定所有这些事情都是福乐之组成

---

① 参见《神学论文集》第三篇论文(本书第40页)。

部分，那么，它们就应当互不相同。因为，既然它们是各个组成部分，它们的本性就在于它们各不相同，然后组成一个整体。可是，我们已经证明，所有这些事情都是同一件事情。因此，它们并不是什么组成部分，不然的话福乐就是由单个组成成分构成的，而这是不可能的。"我说："当然不可能。但我愿闻其详。""显然，其 274-275 余的事情都应该归属于善性；因为，人们之所以希望得到满足，是因为满足被认为是善的，同样，人们之所以希望得到权力，因为权力被认为是善。至于地位、声誉和欢乐，据我们推测，也是如此。所以，善性是人们所希望的所有这些事情的总和原因。因为任何一样东西，如果它既不是真善，也没有显示具有善性，那么，它绝不会为人们所追求。反之，另外一些东西，虽然就其本性而言并不是善，但看起来却是善，那么人们就会把它们当作真正的善去追求。这样，人们理所当然地认为，善性是他们所追求的一切事物的总和、起源和原因。因为某样事物之被追求，似乎源于是人们愿望的首要对象。例如，如果有人为了健康的缘故而想骑马，那么，在他的意愿中，骑马的举动就不如其所产生的健康效果那么重要。如此说来，既然一切事物都是因善性才为人们所愿望的，那么，人们对它们的向往就不如对其善性本身那样的向往。然而，我们又曾经认可，人们对其他事物的向往，全都是为了得到福乐，因此，同样可以说，只有福乐才是人们应该去追求的；由此可见，善性与福乐具有完全合而为一的实质。""我看，任何人对此都无异议。""可是，我们又曾经指出，上帝和真正的福乐也是完全合而为一的。"我说："是这样的。""这样一来，我们可以很有把握地得出结论，上帝的本质不外乎就存在于善之中。"

X. [1]

所有你们这些受困的人，到这里来吧，

　　你们那庸俗低劣的心灵正在沉沦，

276-277 种种私欲，像条条无情的锁链捆住了你们：

　　而在这里，你们可以摆脱劳苦而得到休息，

这里，就是你们休养生息的避风港；

　　这里，愁苦的人们可以解脱他们的烦恼。

无论是塔古斯河*的砂金，

　　赫墨斯河岸的金末，

还是灼热的印度河两岸的宝石，[2]

　　它们都无法开启心灵的窍牖，

反而使心灵变得越益迷茫，

　　就此陷入更加黑暗的深渊之中。

一切使我们的灵魂暂时感到痛快的事情，

　　都深深地埋伏在大地的洞穴里。

唯有苍天才受到另一种光的引领，

　　照亮了黑暗中我们业已败坏的心灵，[3]

---

　　① 这首诗及接下来的一段散文对善的本性所做的讨论，参见本书第 38 页以下。

　　* 塔古斯河（Tagus）是今葡萄牙境内特茹河的古名，下文的赫墨斯河（Hermus）在土耳其的小亚细亚半岛上。——译注

　　② 字面意思："也不是那夹杂着绿色和白色的卵石的靠近热带的印度河。"

　　③ 字面意思："那引导和激励人们的射向天空的光芒，照亮了穷途末路者心灵的黑暗。"

真正见到了这个光的人，

　　就不会去赞叹太阳的光辉。

XI.

　　我说："我赞成这样的说法，因为所有这一切都具有极其充足的根据。"她说："可是，你会如何去认识什么是善本身呢？"我回答："我认为上帝的善是无限的，因为我也借此开始认识了上帝，上帝不外就是善性。"她说道："如果我前面已经证明的那些事情无可否定的话，那么，我当然会得出这样的结论。"我说："那些事情确实是无可否定的。"她又说道："那些为许多人所追求的事情，其实并不是真正而完全的善，因为它们彼此不同，一旦被分割开来，就不可能导致完全而绝对的善性，当它们结合为一体，具有一种形式和原因，即把满足、权力、尊敬、声誉和欢乐合而为一，才能得到真正的善，除非它们合而为一，否则，不是就不值得人们去追求了吗？"我回答："这证明过了，确实无可置疑。""那么，那些事情，在它们各不相同的时候，不是善，而它们合而为一时，就变成善了，因此，它们之所以变成善，就因为合而为一吗？"我说："我是这样认为的。可是，你是不是承认，所有这些成为善的事情之所以善，是由于它们分享了善性呢？""是这样。""那么，你也要承认，合一与善性是同一回事。因为这二者具有同一个本质，当然就不会有不同的效果。"我说："我不否认这一点。"她接着说道："那么，任何存在着的事物，只有在它仍旧是单一事物的时候，才持续存在下去，一旦它不再是单一事物，它就消亡和解体了，这一点，你

278-279

知道吗?""怎么会这样呢?"她回答说:"例如,动物就是如此。只要身体与灵魂合在一起,它就存活。如果这种联合由于二者的分离而解体,显然,它就死亡了,不再成其为动物了。人体本身也是这样,当人体的各个部分结合成一体的时候,就表现出一个人的模样来。而如果人体的各个组成部分互相分离,丧失了一体性,那就不成其为人体了。显然,我们可以举一反三,以此类推到其他任何细小的事物,任何事物,如果保持为一体,就继续存在下去,如果失掉一体性,就消亡了。""然而,如果我思考更加细小的事物,我发现没什么两样。"她说:"在自然界的进程中,难道会有什么事物不希望存在下去而寻求毁灭和败坏吗?"我回答:"如果说的是具有决断能力的动物,那么,倘若没有什么外来的强制原因,它们是不会放弃存活下去的愿望的,也绝不会自愿加速死亡。因为,每一个动物都极力维护自身的健康,力图避免死亡和受到伤害。可是,如果我想到的是植物、树木,是所有无生命的东西,那我是很怀疑的。"

280-281

"但是,那也没有理由让你去怀疑,你应该首先想到,植物和树木生长在与它们的本性相适应的地方,在那里,只要它们的体质允许,它们不会很快就枯萎和消亡。因为有一些植物生长在田野中,另一些生长在山岭上,有一些植物长在沼泽地里,而另一些则长在多石土壤中,贫瘠的沙土却有利于某些植物的生长,如果你把这些植物移植到别的地方,它们倒反而会死亡。可是,大自然给予每一样事物以适合它的东西,只要这些事物有可能存留下去,大自然就努力设法去加以维护,使其不致衰败。所有这些植物,似乎都把头钻进泥土里,用它们的根吸取营养,用它们的内部茎髓传送精质，那么，我还用说些什么呢？你看，像木髓这样最软的东西，总是被安放在里面，它的外面由木质保护着，而最后，又让茎皮暴露在最外面，可以经得起风吹雨打，这一切又说明了什么呢？你看，大自然是如此的操劳勤奋，使得万物都得以靠种子来繁殖衍生；众所周知，它们全都像某种机器那样运转着，不仅是一时一刻，而且是永永远远，难道不是这样么？那些被认为没有生命的事物，不是同样也都在追求符合它们利益的东西？为什么火焰轻轻地向上燃烧，而重物沉垂向地，不是因为这些位置和运动都各自适合于它们吗？而且，凡是适合于 282-283 自身的东西就加以维持，凡是有害的东西，就加以破坏。同样，像石头和棍棒之类的坚硬的东西，它们的构造很牢固，抵抗分解。而像空气和水这样一些流动的物体，轻易就能分解，也能轻易聚合。而火焰则是无论如何也分割不开的。我们现在还根本没有谈及那具有理解能力的心灵之种种自愿的运动，我们只是谈论一些本性的功能而已。我们消化食物、睡时呼吸都不假思索，正属于此类。因为即使动物对生命的热爱，也并不是出于心灵的意愿，而是由于本性的法则。意愿在遭遇紧急情况时经常会抱有宁可死去的意念，而本性却加以摈弃；相反，那使得尘世间的事物唯独得以延续下去的生养活动，有时也会遭到意愿的抑制，但本性却始终有着这样的追求。因此，这样的自爱并不是出自于任何自愿的动机，而是由于本性的意向。因为天意赋予其造物永久生存的本性，而这就是它们能够延续的最重要的原因，所以，你不会有任何理由怀疑万物出自于本性都希望能够平稳生存，避免毁坏。"

我说道:"我承认,我以前认为十分可疑的事情,现在觉得毫无疑问了。"她说:"那么,凡是希望延续和存留下去的,都在追求合一。因为假如没有合一,存在本身就不能存留下去。"我说:"确实是这样。"她说:"所以说,一切事物都在追求合一。"我对此表示284-285 同意。"可是,我们已经指出,合一等同于善性。""你确实指出过。""那么,一切事物都在追求善性,而你可以这样定义善性:善性是一切事物所追求的。""没有什么比这个定义更可信的了。因为要是一切事物不能归于同一个原则,如同没有了头颅一般,那么,就会毫无规则地乱成一片;不然的话,必定会有某一个万物共趋的东西,也就是居于一切善之首位的东西。"她说:"哦,我的学生,我感到非常高兴,因为你已经在你的内心确立起真理的标志了。可是,你不久之前还说一点不了解的事情,现在你已经明白了。"我问:"那是什么呢?"她回答:"就是一切事物之最终目的。""那当然也就是一切事物所追求的,而既然我们已经得出结论那是善性,因而我们也必须承认,善性就是一切事物的最终目的。"

XI.

一心寻求真理的人

　绝对不想误入歧途,

就该启发他内心的省悟,

　帮助他理清那纷繁的思路,

让他那原就由真理所造就的

心灵去发掘真理的宝藏。

真理从此不再隐埋于云雾之中，

　　放射出胜过太阳的耀眼光芒。

虽有粗笨肉体使人忘怀迷茫，

　　却也还不能将一切灵光熄灭。

仍有真理种子居留我们胸怀，

　　定会使我们的睿智得到激励。

要不是有恩典进入我们内心，

　　凭我们又何能作出正确回答？

若有那柏拉图所说天上缪斯，

　　我们必将恢复记忆重返真理。①

286-287

XII.

然后，我说，我很喜欢柏拉图的学说，这已是你第二次让我回忆起了这些事情，第一次是由于我沉溺于肉体的享受而忘记了这些事情，第二次则是在我遭受苦难重压的时候。她说："如果你回想一下，就能回忆起你起初承认自己搞不清楚的那些事情。"我问："什么事情呢？"她回答："就是这个世界是由谁掌管的。"我说："我想起来了，我是承认我对此搞不清楚，不过，尽管我可以预见到你会说些什么，但我还是希望听你亲口说出来。""你刚才还想

---

① 柏拉图有关回忆的学说，参见《美诺篇》(81—86)和《斐多篇》(72—76)。

到,毫无疑问这世界是由上帝掌管着。"我说:"无论现在还是将来,我对此都毫不怀疑,接下来我要简单地解释一下是什么原因驱使我有这样的想法的。这个世界存在着彼此歧异和冲突的事物,除非有一位'唯一者'把它们统合起来;而且,这种本性互不协调的差异性,虽然被统合到一起,除非有一位'唯一者'把他统合起来的事物维系在一起,否则它们就会重新分离,不再互相协调了。除非存在这样一个'唯一者',由他亲自来处置和安排自然的稳定和运行,不然,自然的进程就不可能持续下去,那些各不相同的部分,就不可能以那么合适的地点、时间、因果、空间和属性来

保持那样井然有序的活动。无论如何,这个'唯一者'就是一切被造物靠着他得以存续和活动的那个'唯一者',我称之为上帝,一个所有人都在使用着的名字。"①

　　她说:"既然你怀有这样的想法,那么,我不难想到,你能够获得好运,平平安安地返回你的故乡。不过,还是让我们思考一下我们前面提出的问题。我们不是已经把满足归到了幸福里面,而且承认上帝就是福乐本身吗?""是这样。"她说:"所以,他并不需要什么外来的帮助掌管这个世界,否则,倘若他需要什么,他就不会有完全的满足了。"我说:"必然是这样。""因此,他独自处置万物。"我说:"这毫无疑问。""可是,我们又已经证明,上帝是善性本身。"我说:"我记得很清楚。""他凭着善性处置万物:既然他是凭着自己去处置万物的,那我们承认,他自己就是善性。这就好比船舵,整个世界靠着它才得以保持平稳和安全。"我说:"我很赞成

---

　　① 见《神学论文集》,第四篇(本书第 56 页以下)。

你的说法,而且,就在刚才,我已经约莫猜到你会得出这样的结论。"她说:"我相信你,因为我认为你现在比以前更加专心致志于识别真理。不过,我现在要说的一点,也是显而易见的。"我问:"那是什么呢?""既然我们理所当然地认为,上帝运用善性之舵来驾御万物,而且,正如同我所指明的那样,万物向善是出于它们的本性,那么,毫无疑问,它们全都自愿被掌管着,主动听从它们的处置者的吩咐,就如同顺从那掌舵的舵手一样,难道不是如此吗?"我回答:"必然是这样,倘若是强迫的而不是自愿的,那样的掌管就不会是愉快的了。""按照本性来说,并没有什么东西想去对抗上帝。"我说:"是这样。"她又说道:"如果有什么东西想去对抗上帝的话,那么,既然我们承认上帝因其福乐而成为最强大的,难道还会有什么东西可以胜过他吗?"我回答:"毫无疑问,没有什么东西可以胜过上帝。""所以,不会有什么东西将会或者能够对抗这至高无上的善性。"我说:"我想是不会的。""那么,正是这至高无上的善性,在强有力地掌管着万物并温情地对其加以处置。"我说:"不仅你所提出的理由,而且你所使用的言辞本身,都使我感到无比的兴奋,困扰我的那些愚行,我为此而感到羞惭。"

她接着说道:"你肯定在诗人的寓言故事中听到过,曾经有巨人冒犯上天,可是,上天凭着它那既宽厚而又坚忍的本性,令他们得到了应得的下场。然而,你是不是希望让我们的这些论点互相辩驳呢?也许这样一来,倒可以使真理迸发出美丽的火花来。"我说:"只要你愿意这样。"她说:"没有人会怀疑,上帝就是全能者。"我说:"只要是健全的人,都不会对此有所怀疑。"她说:"可是,作为全能者的他，没有什么事情是做不到的。"我说："是这样。""上帝能行邪恶吗？"我说："不能。"她说："因此，既然能做任何事情的他绝不可能行邪恶，这邪恶就一无所是了。"我问道："你这是和我开玩笑，简直是使人走进了一个永远无法走出去的迷宫，因为你现在又进入了那个你自认为已经走出来的地方，然后又从你刚走进去的地方走了出来，岂不是在戏弄我吗，或者，你是在为上帝的单纯性编制一个怪圈吗？因为不久前你以福乐为起点，证实置身于上帝是最首要的善，你还证明了，上帝他自己就是最首要的善和完全的幸福，你还从这里推导出这样的结论，即任何人，除非他自己也成为上帝，不然，他不会是幸福的。你又告诉我，上帝与福乐，其实质正是善性所表现的形态，二者合而为一就等于是善性，因为那正是万物之本性所追求的；你还曾经辩论，说上帝是运用善性这个舵来驾御整个世界的，而万物都心甘情愿地服从于他，根本不存在什么邪恶之本性，而且，你在解释所有这些事情的时候，也完全没有做怪异的或者牵强附会的证明，而只是做了正当的和理所当然的证明，能够互相印证的证明。"

她回答："我们绝不是在戏弄你，也绝不是在跟你开玩笑，我们凭着从一开始就祈求的上帝的恩典而完成了最伟大的事情。因为属神的本质所表现的形态，在于它既不会被分割成若干个外在的事物，也不会把任何外在的事物吸收到自己里面来，而是如同巴曼尼德所说的那样：'像一个从四面八方看都是滚圆的球体那样的形体。'①

① 参见《巴曼尼德著作残篇》，8.43，载 Diels 的《前苏格拉底哲人》（*Vorsokcratiker*），i.，第 158 页。

相对于各个物体的运动轨迹，它是在转动着，但它本身并不运动。如果我们并没有做什么额外的牵强附会的证明，而是仅限于我们所讨论的范围，你就不必大惊小怪了，因为，你可以从柏拉图学派那里知道，我们所说的话，是切合我们所说的事情的。

XII.

能够见到万善之源的人，

是多么幸福之人啊，

能够解脱大地锁链的人，

是何等幸福之人啊。

色雷斯诗人用优美歌声，

奏响他妻子的葬礼，*

更让林木为此悲歌动情，

飒飒风声充作伴奏，

听那乐音何其气势磅礴，

也使河川流水驻留；

胆怯的牝鹿却毫无惧怕，

敢与猛狮做伴为伍，

优美音符也使烈犬驯服，

野兔不再为之胆战。

294-295

---

*　指俄耳甫斯（Orpheus），他是古希腊色雷斯神话中一位歌手，善于弹奏竖琴。是欧里迪塞（Euridice）的丈夫。欧里迪塞被蛇咬而死去。——译注

　　　顷刻间哀情愁感涌上心，

　　　　　如那熊熊烈火燃烧，

　　　美妙音乐纵能平息万物，

　　　　　于主人却丝毫无助，

　　　眼见天上神灵无动于衷，

　　　　　这才转向阴府冥王。

　　　配上他嘹亮悦耳的竖琴，

　　　　　尽情吟唱甜美诗歌，

　　　喝着他慈母＊的清甜泉水，

　　　　　求解渴他畅怀痛饮，

　　　极度的悲愤定发人深思，

　　　　　深情笃爱更添愁闷，

　　　他为爱妻祈求深层地狱，

　　　　　声声哀求为得宽恕。

　　　三头怪犬＊＊为此万分惊愕，

　　　　　难以接待不速之客，

　　　纵然那冷酷的复仇女神，

　　　　　专司惩罚有罪之灵，

296-297　　却也为歌声动情而落泪。

————————————

　　＊　俄耳甫斯的母亲是司史诗的缪斯（Calliope），她又是卡斯塔利亚（Castalia）神泉的女主。——译注

　　＊＊　指希腊神话中看守冥府大门的三头怪犬（Cerberus）。——译注

连伊克西翁*的火轮，

也停下不再转动他头颅。

连坦塔罗斯**竟然也

可以随心所欲疗饥解渴。

那厉声泣啼的秃鹰，

不再啄食提蒂沃***的肝脏。

庄严冥王心动而言：

'我们为你的诗歌所征服，

我们允许你带走

你用诗歌娶得的新妇。

唯独需你遵守条件，

才得保有我们所赠之礼：

于你离开地狱之前，

千万不可回头看望你妻。'

热恋之人有何约束？

恋情无法可依唯遂心愿。

双双行近阴府边境，

他忍不住回首看望新妇，

---

　* 伊克西翁(Ixion)为古希腊塞萨利亚的王，受罚入地狱，被绑在火焰轮子上永远旋转。——译注

　** 坦塔罗斯(Tantalus)为希腊神话中宙斯之子，因泄露天机被罚在冥府永受饥渴之苦，在他四周放满了水果和饮水，但他无法取到。——译注

　*** 提蒂沃(Tityos)，希腊神话中朱庇特之子，由于企图污辱女神而被罚永远囚禁在地上，让秃鹰啄食他的肝脏。——译注

就是那愚蠢之恋情，

害死他们这对恩爱夫妻。

你虽怀有阴暗心理，

却在一心企求天国生活，

更需深思这个传说。

一旦你的眼睛受到诱惑，

回首观望阴府冥王，

你所得之一切丰厚奖励，

回首间将丧失殆尽。"

《哲学的慰藉》第四卷

I.

　　仪态高雅而神情凝重的哲学女神,用她柔和而甜美的歌声,吟唱了这些诗歌,而这时的我,还没有完全忘掉我内心的忧伤,在她正要继续讲下去的时候,我打断了她的话:"哦,你带领我们见到了真正的光明,迄今为止你所谈论的事情,每一样都显得既那么神圣,又由于你的层层推理而那么无可反驳,你先前说过的话,虽然我由于过度悲伤,近来有所忘怀,但还没有全部给忘掉。我之所以悲伤,最主要的原因就在于我不明白,既然万物之主宰是那么善,为什么还会有邪恶存在,或者为什么这邪恶没有受到惩罚。我特别要引起你注意的是,那样的邪恶竟然还会获得很多人的崇敬。然而,还有一件比这更加重大的事情:行恶的人反而在颐指气使,而行德的人非但得不到好报,还要在行恶的人的脚下受气,受罚的是义人而不是恶人。既然上帝洞察万物,无所不能,而他又是唯独只行善事的,那么,在上帝的国度里该做些什么事情,没有人能加以褒贬。"

　　对此,她回答:"倘若真像你所想象的那样,在一位伟大屋主管理有序的屋内,恶徒受到款待而贵客反遭慢待,确实太稀奇古怪了;然而,实际上并不是如此。如果我们没有违背不久之前所得出的那些结论,那么,我们所谈论的是上帝的国度,你就应该在上帝的扶助下懂得,善总是坚强有力的,而恶总是软弱无能的,善有善报,恶有恶报,善总是欣欣向荣,而恶总是日暮途穷,有许多这样一类的事情,它们都可以使你不再怨天尤人,使你振作起来。而且,既然你听从了我的劝导,已经明白了真正的福乐是什么样的,也知道福乐究竟在哪里,那就让我们快速浏览一下我认为需要让你知道的那些事情,然后我会向你指明带你归家的路。而且,我还会为你的心灵安上翅膀,让它凌空飞翔,抛弃一切烦恼,让你在我的指引下,循着我指出的道路,振起我给你安上的翅膀,平平安安地回到你的故乡。

I.

302-303

我乘着矫捷的翅膀凌空飞翔,

　　高飞的心灵就此厌恶这茫茫大地,

　　但见它翱翔天际穿越如水的云彩,

　　　　耐受住了瞬息万变的穹苍的灼热,

　　终于到达万里星空中的太阳神境,

　　　　途经彻寒的土星和闪耀的火星,①

　　——遍历夜晚星空中每一颗星辰,

_____

① 参见"frigida Saturni sese quo stella receptet",见维吉尔《农事诗》,i. 336。

　　长途跋涉终于到达诸天穹苍之上，

才得入座荣光交辉之绝高顶峰，

　　但见那众王之王执权杖驾御世界，

端坐于疾驶飞车理顺这世间万事。

　　这里就是曾被你忘怀的你的故乡，

如此情景使你禁不住省悟自言道：

　　'我生于此并将永远立足于其土壤。'

一瞥你刚刚离开的黑暗的地界，

　　顿悟欺压百姓之暴君已逐出家园。"

II.①

304-305

　　我说："哦！你所允诺的事情是多么了不起啊！我丝毫也不怀疑你会履行诺言；我现在归心如箭，只要求你赶快让我实现我的愿望。"她说："那么，首先，性善的人总是坚强有力的，而性恶的人总是软弱无能的，这两个命题你很容易理解，它们互相佐证。因为，既然善与恶是截然相反的，那么，如果证明了善性的力量，也就表明了邪恶的软弱；反之亦然，如果我们认清了邪恶的脆弱，也必定认识到善性的坚强。不过，为了使我们的观点更加容易接受，我还是同时从两方面来加以讨论，有时从这一边、有时又从另一边来证明我的命题。

　　人类的一切活动都受到两件事情的影响，即意志和力量，缺

---

　　① 本章整章及下一章，都是柏拉图《高尔吉亚篇》的意译。

少了其中任何一件，那就什么事情也做不了了。因为如果缺少了意志，那么，没有人会违背他自己的意志去做任何事情，而如果缺少了力量，那么，意志也就落空了。所以，如果你看到有人想要得到没有的东西，那你可以毫无疑问认定他缺少获得他想要的东西的力量。"我说："那是很显然的，是无可否认的。""那么，在你看到有人如愿以偿的时候，你会怀疑他很强大吗？""不。""然而，每一个人在他所能够做到的事情中都是强大的，而在他所不能够做到的事情中都是软弱的。"我说："我承认这一点。"她又说："我们在前面的讨论中曾经得出结论，人的意志的所有意向，尽管其途径各不相同，却都是急于要获得幸福，你还记得吗？"我说："我记得，这是被证明了的。""那你是不是还记得，福乐就等同于善性，追求福乐，理所当然就必定是追求善性了？""用不着去想，因为我已经将其铭刻在记忆之中了。""所以，所有的人，不管是善是恶，从本能上说，都毫无区别地努力想获得善性。"我说："那是当然的。""但是，大家知道，人们是通过获得善性才得以成善的。""是这样。""如此说来，善良的人们是获得了他们所愿望的东西。""我觉得是如此。""而倘若恶人也获得了他们所愿望得到的善性，那他们也许就不可能为恶了。""确实是这样。""所以，因为他们都愿望得到善性，可是，善良的人得到了，而邪恶的人却没有得到，因此，毫无疑问，善良的人是强大有力的，而邪恶的人是软弱无力的。""无论谁对此有所怀疑，他就是既没有注意到事物的本性，也没有注意到你对此所做的证明。"她说道："此外，假如有两个人面对的是同样的事情，其中一人用他的本能完美地完成了这件事情，而另一个人却不能运用其本能，而是采取某种跟本能不相称的方式,从而未能完成他所面对的事情,而只是表面上模仿那个完成这件事情的人而已,那么,你认为这两个人谁更强大呢?"我回答:"虽然我猜到了你的意思,但我还是希望听你说得更明白一些。"她说:"你会否认走路这样的行为符合人的本能吗?"我说:"我不会。""那么,你会怀疑这样的功能原本就属于双脚吗?"我回答:"那是毫无疑问的。""所以,如果某人能够用自己的脚走路,他就是会行走的,而另一个人,如果他的脚没有这个自然功能,他就只能用手趴在地上行走,你说,他们中谁理应被看作更强大的呢?"我说:"那是不用说的了,没有人会怀疑那个能够运用本能的人比那个不能运用本能的人更加强大。"她接下来说道:"然而,性善的人尽力去获得那个首要的善,但首要的善却凭着好德的本能,同样提供给性善和性恶的人,可是,性恶的人努力想凭各种贪欲来获得它,而这些贪欲并不是获得善性的自然功能。你不这样认为吗?"我说:"我不会不这样认为,很显然就是如此。因为,按照我已经承认的那些事情,性善的人必定强大,而性恶的人必定软弱。"

308-309

她说:"你进步得很快,正如同医生经常希望的那样,这是你振作起来作顽强斗争的一个标志。因此,正因为我觉得你很善于、也很愿意思考,所以我愿意把许多理由都堆放到你面前。你看,那些邪恶堕落的人,他们甚至不能到达他们的本能引领他们甚或几乎是驱使他们去的地方,他们是何等的软弱啊!如果他们被剥夺了本能的引导这个伟大而几乎无可征服的援助会怎样呢?再想一下,性恶的人是那么无能。他们极力追求而又无法得到的，并不是什么轻微细小的事情；①然而，他们在最重要的事情上失败了。这些可鄙的人日夜操劳而达不到的，却正是性善的人显现其力量的所在。好有一比，如果某人可以行走到任何可以走得到的地方，你会说他是最能走路的人，同样，如果某人可以得到他所想要的任何东西，没有什么是他得不到的，你会说他是最强大的。这样一来，相反的情况也得到了证明，即邪恶的人是没有任何力量的。至于他们为什么要弃善从恶呢？是由于他们对善的无知吗？可是，还有什么比盲目无知更加软弱无能呢？或者他们知道应该循守正道，但禁不住情欲的驱使而走上了相反的道路？如果是这样的话，那也是由于放纵自己而造成意志薄弱，抵挡不住邪恶的引诱。或者，他们是明知故犯地弃善从恶？但如果是这样，他们不但失去了力量，而且连自己的生存也丧失了。因为凡失去了万物赖以生存的最终目的的，就连其生存也丧失了。邪恶的人占了人类的大部分，而我们却说邪恶的人连其生存也丧失了，这在某些人听起来似乎有些奇怪，但实际上就是如此。因为，虽然我并不否认邪恶的人确实邪恶地存在着，不过我还是要说，就纯洁意义上的生存而言，他们并没有生存着。

因为，正如你称一具尸体为一个死人，但显然那算不上是一个人，同样，虽然我也承认一个邪恶的人是一个恶人，但从绝对意义上讲，我不能承认他生存着。因为任何事物，只有保持着正常状态和本性，才是存在着的，一旦失去了正常状态和本性，就不再具有按其本性所是的那种存在。然而，你会说，恶人还能做许多

---

① 参见维吉尔《埃涅阿斯纪》，xii.764。

事情，我并不否认，但是，他们的作为并不说明他们的强大，而恰恰说明他们的软弱。因为他们之所以会作恶，正说明如果他们一直保持行善的话就不会去作恶了。他们会如此，更加明显地说明他们什么事情也做不了。因为，正像我们不久之前刚刚证明过的那样，邪恶一无所是，而既然他们除了行恶之外一无所能，那么，很显然，恶人是一无所能的。""那是再明显不过的。""现在你可以明白，强大的力量是什么；我们前不久已经指出，再也没有比那至高无上的善性更加强大的东西了。"我说："确实是如此。""可是，那至高无上的善性是绝不会行恶的。""是的。"她说："那么，会有人认为那些人万事全能吗？""不，除非疯子才会这样认为。""然而，那些人是能够行恶的。"我说："但愿上帝让他们不能去行恶。""由此可见，凡只行善事的，就可以做到万事全能，而行恶的那些人，就做不到万事全能，那么，显而易见，那些行恶的人是不强大的。况且，我们已经证明，一切力量全都归于人们欲求的对象之一，而所有欲求的对象按其本性都与善性有关，然而，行恶却不可能跟善性有什么关联。所以，行恶必定不是人们所向往的。可是，一切力量都是人们所向往的；由此可见，行恶显然不具有什么力量。综上所述，行善者必强大，而行恶者必虚弱。柏拉图的论述显然是正确的：只有行善的人才能够做他们所向往的事情，行恶的人可以做他想做的事，却不可能去实现他们本来想要的事情。因为他们图的是随心所欲，自以为可以靠这些引起自己快感的事情来获得他们所向往的善；但他们是得不到的，因为可耻的行为是不可能达到幸福的。

312-313

II.

君王们端坐在他们

　　荣耀显赫的宝座之上，

全身尽显珠光宝气，

　　更有那禁卫寸步不离；

威严仪态人人生畏，

　　丰功伟绩虽皆属虚妄，

却不容有半点冒犯，

　　否则定然会暴跳如雷；

其实他们内心深处，

　　自有百般痛苦与压抑。

邪欲之心时时蠢动，

　　身心受毒永无宁静日，

无名怒火此起彼伏，

　　手握大权却满怀悲忧，

非分奇想终日扰乱。

　　如此众多的残暴君王，

殊途同归困苦度日，

　　若是希望能如愿以偿，

除非是将王位抛弃。

III.

现在，你是不是看到了，邪恶在怎样的泥潭中打滚，而正直却如何在大放光明？由此显然可以看到，善不会没有善报，恶也不会没有恶报。因为在所有已经做了的事情之中，做这些事情的目的，理所当然地就是行为的回报，就好比参加竞赛时他要争的花冠就是他的回报。可是，我们已经指出，福乐是作为一切事情的共同目的的那个善性。因此，善性被认为是所有人类活动的共同回报，而这又不能跟那些行善行的人分割开来。因为缺少善性的人就不应该再被称为善人；所以，行善是绝不会得不到应得的回报的。不管恶人如何气势汹汹，智者的花冠不会褪色，也不会凋谢。因为性恶之人的邪恶，绝夺不走那本属于性善之人的荣耀。然而，如果他因为从别人那里得到东西而感到欣喜，那么，不管是那个给他东西的人，还是另外的某一个人，都可以把这个东西拿走。不过，正因为任何人都因为行善才获得这个善报，因而，只有当他不再行善了，才会丧失这个善报。最后，人们之所以要追求这样的善报，无非是因为人们认为那是善的，那么，对于一个拥有善性的人，有谁可以判定他得不到善报呢？可是，他会有怎样的善报呢？那必定是最美和最大的善报。还记得我不久前提出的那个推论，[①]那就如同获得了奇珍异宝一般：既然善性本身就是幸福，那么，很显然，所有善人正因其善，就已经得到了幸福。可是，

──────────

① 见本书，第 270 页。

316-317

我们又同意,幸福的人是神。因此,善人所得的善报是不随时间而消逝,不因人的权势而湮灭的,是任何邪恶都无法侵害的,这个善报就是成为神。这样,事情就很清楚,任何有智慧的人都不会怀疑,恶人必遭恶报。因为既然善与恶,善报与恶报,是互相对立的,那么,我们看到善报降临到善人的头上,同样,恶报也就必定会降临到恶人的头上。所以,如果说诚实本身是对诚实的人的一个回报,那么,对于恶人来说,他们的邪恶也就是对他们的惩罚。而凡受到惩罚的人,并未怀疑他们为邪恶所苦。所以,如果他们认真地考虑一下自己的处境,那么,虽然明知自己不仅沾染上了邪恶,而且还深受其害,但是,他们能够逃避惩罚吗?你可以把恶人所受的惩罚与善人所得的善报进行比较。因为就在不久前,你已经懂得,一切存在着的东西都是合一的,合一就是善性,由此可以得出结论,一切存在着的东西,也必定是善的。如此说来,无论什么东西,如果脱离了善性,其存在就终止了,由此可见,恶人已经不再是曾经的恶人,尽管他们还保留着人的样子,但只不过表示他们曾经是人而已;因此,他们自从心存邪恶开始,就已经丧失了人的本性。然而,既然唯有德行才能使我们超越于他们,那么,邪恶之心就必定会让那些人根本无视做人的品性。因此,对于那些甘愿堕落的人,你根本就不能把他们算作人。一个野蛮地敲诈别人钱财的人,不是还那么贪得无厌吗?你可以把他比作一头狼。一个大发雷霆而喋喋不休的人,不总在那里喧嚷咆哮吗?你可以把他比作一条狗。一个诡计多端的家伙,不是正在为自己用狡诈的手段又一次欺骗了别人而沾沾自喜吗?看来他比狐狸好不了多少。那个蛮横无理的人在发火吗?那倒是可以认为他有

318-319

着一颗狮子的心。而那个胆小怕事的人，不是无缘无故地感到害怕吗？那就把他当作野兔和小鹿吧。那个行动迟缓而愚蠢的人，不总是无所事事吗？他就像驴一样地活着。而那个飘忽不定毫无主见的人，不老是朝三暮四吗？他就无异于禽鸟。那一个人，₃₂₀₋₃₂₁ 不老是沉湎于声色之中吗？他就好比乐于去跟肮脏的牝猪寻欢作乐。所以，凡抛弃德行的人，就不再是人，因为他不能够分享属神的地位，变成了一头野兽。

III.

东风劲吹那扬起的帆篷，

　　将那久久飘荡在海上的迷船，

送往太阳神所生之爱女，

　　那个专以美色勾魂的女妖，

宾客难敌女妖魔杯艳迷，

　　但见那奇异药草魔力一发作，

一个个变得奇形又怪状；

　　这一些变成异常凶猛的野猪，

那一些又变成威武雄狮，

　　日日在非洲大陆^①上张牙舞爪。

另一些变成了贪婪野狼，

---

①　字面意思是："Marmaric"，正确地说，指位于埃及与大流沙（great Syrtis）之间的那个地区；这里泛指非洲地区，参见 Lucan iii. 293。

失却了人声而发出阵阵号叫。

更还有变成了驯顺之虎，①

懒懒卧躺在灼热的印度沙漠。

虽有带翼的朱庇特之子，②

竭尽全力从魔杯中救出船长，

但阻止不了贪恋的水手，

322-323

终因误食毒酒而变成猪食。

原有语音形态荡然无存，

失却了蒙恩而得的为人标记；

唯他们的心灵仍在鸣冤，

经受自己肉体之悲惨下场。

女妖虽然使尽阴谋诡计，

但药草毁的是肢体而非心灵。

凡上帝之手所赐的力量，

无不深深隐埋在内心之最里。

是故那深刺内心之毒物，

才是更具毒性之祸首罪魁，

虽然它无害于人的肉体，

却能够彻底败坏人的灵魂。"

---

① 字面意思是："驯服地游荡在屋子四周。"

② 指诞生于阿卡狄亚(Arcadia)的墨丘利(Mercury)，参见 Virg. *Aen.* viii. 129-138。

IV.

　　于是我说:"我承认,而且我也感觉到,正如你所说的,那些邪恶堕落的人,尽管外表看来还是人的样子,但从他们的内心状态来说,却已经变成了野兽。不过,我还是认为,不能听任他们野蛮邪恶地去加害善良的人,应该遏制他们的恶行。"她说:"他们是受到遏制的,这一点会在合适的场合加以证明。但是,如果剥夺了他们似乎拥有的这种自由,那么,他们所受的惩罚就会大大减轻了。因为(这在某些人看来也许是不可信的事情),恶人一旦实现了他们的目标,比起他们未能实现目标,必定更加不快。因为,假如说有行恶之念十分可怜的话,那么,能够作恶,就更加可怜了,如果没有作恶的能力,可怜的愿望就不可能产生出任何结果。因此,既然他们中的每一个人都各有其可怜,他们就必定犯有三重不幸,那就是,他们想做坏事,能够做坏事,而又真正做了坏事。"我说:"我同意,但是,我真心希望他们能很快摆脱这样的坏事,失去作恶的能力。""他们很快就会失去做坏事的能力,也许比你希望的还要快,也比他们自己认为的还要快。因为在短暂的生命中,相对于那永生不死的灵魂来说,没有什么东西是迟来的;因此,恶人野心勃勃的期望和企求,经常会出乎意料地破灭,事实上为他们的不幸设定了期限。

　　因为如果说行恶使人可怜,那么,一个人行恶的时间越长,他必定越可怜;而我要说,如果恶人至死还在行恶的话,那就最不幸了。因为如果我们已经确实得出结论,行恶使人可怜,那么,很显

324-325

然,持续的行恶必定会无穷无尽地遭殃。"我说:"这样的结论有些奇怪,很难得到认同;可是,在我看来,前面已经得到认同的那些事情,跟这些事情倒很一致。"她说:"你的想法没错。不过,如果有谁觉得很难接受这个结论,必须指出某一前件有假,或者必须指出,把这些命题组合起来得不出必然的结论;否则,一旦承认了那些命题,就没有理由怀疑这样的推论。因为我现在即将要得出的结论,粗看起来似乎有些奇怪,然而,从前面已经得到认可的事项中,必然得出这样的结论。"我问:"那是什么呢?"她回答:"对于

326-327

恶人来说,让他们遭受惩罚胜过让他们逃脱正义之手。我现在并不想说大家都明白的事情,即恶习可以靠惩罚来加以纠正,会由于害怕惩罚而改过,而且也给别人树立榜样,避免沾染恶习。我现在要换一个思路,即如果我们不考虑改正恶习和树立榜样,那么,我认为,没有受到惩罚的恶人反而更加悲惨。"我问:"这是什么思路呢?"她回答:"我们不是已经认同性善的人幸福而性恶的人悲苦吗?"我说:"我们是这样认同的。"她说:"既然如此,那么,在某人的悲苦上添加一些善的东西,不是胜过另外一个没有加进任何善性而一味悲苦的人吗?"我说:"看来是这样的。""那么,假如有这样一个悲苦的人,他除了那些使他悲苦的东西之外没有任何称得上善的东西,却还要添加另外一些恶,比起其他由于分得了一些善性而使悲苦有所减少的人来,不是更加不幸吗?"我回答:"我也这样认为。""然而,很显然,恶人受到惩罚才是公正的,而恶人如果没有受到惩罚,就是不公正的了。""谁能否认这一点呢?"她又说道:"可是,同样没有人会否认,凡公正的事情就是善的;反之,凡不公正的事情就是恶的。"我回答:"那是当然的。""如

此说来，如果恶人受到惩罚，就给他们添加了一些善的东西，也就是说，惩罚本身由于正义的缘故，是善的；而如果他们没有受到惩罚，他们就有了进一步的恶，由于其不公正，你理所当然地认定那是恶的。""这我无可否认。""如此说来，恶人之不公正地逃脱惩罚 328-329 比公正地得到惩罚更使他们不幸。"我说："这诚然是从前面的结论推演而来。可是，你就不想想肉体死后灵魂也会受到惩罚吗？"她说："这是个重大问题，他们中的一些人会受到严厉惩罚，而另一些人会承受出于怜悯心的涤罪①*。可是，我现在并不想谈论这些事情。迄今为止，我们所做的努力就是要让你明白，你觉得无法忍受的恶人的恶势力，实际上一无所是，你应该看到，你在埋怨那些恶人没有受到惩罚，其实他们决逃脱不了因他们的恶行而要遭受的惩罚。而且，你应当懂得，正如你所希望的那样，他们为所欲为是不会长久的，并且，越是长久，他们就越是不幸，倘若就这样一直拖下去，他们会更悲惨、更不幸。此外，如果允许恶人不公正地逃脱受罚，那要比公正地让他们受到严厉惩罚更加使他们倒霉。综上所述，当他们自以为侥幸免于受罚的时候，其实他们是被处以更加严厉的惩罚。"

---

① 见对波爱修斯这段话的讨论，H. F. Steusart(1891)，*An Essay*，第 98 页以下。

* 对于波爱修斯所说的"出于怜悯心的涤罪"（purgatoria clementia），不能跟日后天主教教会对"涤罪"所持的观点混同起来。自公元 604 年教皇格里高利一世提出"炼狱"（也可译作"涤罪所"，来源于 purgatoria 一词）以来，这一直包括在罗马天主教教义以及东正教教义之中，即认为有些犯有罪孽而非必须下地狱的人，可以在死后暂时在炼狱中受苦以涤尽罪过，然后才可进入天国。虽然圣奥古斯丁在公元 407 年曾经提到过会有这样的一个状态存在，但那时还没有正式成为教义。——译注我说:"你所举出的理由再确切不过了。不过,如果我回到一般人们的看法,就会产生这样的问题,那就是,怎么会有人认为他们值得信任和听从呢?"她回答:"确实如此,因为人们不能够用他们习惯于黑暗的眼睛去观看光亮的真理,他们就如同禽鸟,在夜晚睁大了眼睛,而在白天却闭起了眼睛。因为他们注意的不是事物的秩序,而是他们自己的感受,因此,他们觉得为所欲为,犯了罪过也不受惩罚,是很高兴的事情。然而,你要注意,永恒的律法亘古不变。如果你一心向善,你无需考虑会得到怎样的回报:你已经加入了更加完美事物之列。而如果你堕落行恶,你也不用指望会有别人来惩罚你:你已经使自己陷于悲苦的状况;你就好比一会儿低头望见泥泞的土地,一会儿又抬头遥望广阔的天空,对普通外界的一切事物视若无睹,凭着视觉的作用似乎飘忽在天地之间。但平庸的人并不考虑这些。那该如何呢?难道我们要让自己加入我们已经证明如同野兽一般的人群吗?如果某个人,他已经完全丧失了视觉,而且又忘记了他曾经有过视觉,觉得自己一点儿也不缺一个完备的人所需的条件,那么,难道我们要视这些盲人如当初的明眼人吗?因为,有一点,尽管有着充分的根据,但他们是决不肯认同的,那就是,伤害别人要比被别人伤害更加不幸。"我说:"我很想听听这些根据所在。"她说:"难道你会否认,任何邪恶的人都理应受到惩罚吗?""我不否认。""而从各个方面看,恶人显然是很卑劣的吗?"我说:"是这样。"她接着说:"那么,就让你来判断一下,加害于人或者受害于人,谁应该受到惩罚呢?"我说:"这我并不怀疑。可是,我希望加害者受罚以使受害者得到满足。""那么，你是不是认为，加害者比受害者更加悲苦呢？"
我说："是的。""由于这个理由以及其他一些基于这个原则之上的 332-333
理由，行恶本身把悲苦带给行恶的人，对任何人来说，真正遭受苦
难的并不是受害者，而是加害者。"她接着又说道："然而，目今有
些演说家却在做与此相反的事情。他们努力要说动法官们去怜
悯那些受到沉重伤害的人；其实，他们的怜悯给予加害者，倒更为
恰当，应当把他们带上法庭，但不要那么气势汹汹，而是由一些仁
慈而富有怜悯心的原告将他们带上法庭，就如同将病人带到医生
那里去一样，为的是通过惩罚来去除他们的疾病和过错。在这种
情况下，或者根本用不着辩护人来作辩护，或者，如果这些辩护人
想为他们的顾主有所效劳的话，也许可以把他们的辩护变成控
告。而那些行恶的人，如果能够对自己的道德堕落有所意识，认
识到可以通过吃苦受罚来把自己从罪孽的深渊中拯救出来，改
邪归正，那么，他们就不会在意所受的刑罚，就会拒绝他们的辩
护人来帮助自己，并且，会完完全全听从于原告和法官。这样，
在有智慧的人们之中，就根本不会有憎恨之心。除了极其愚蠢
的人以外，有谁会憎恨好人呢？而憎恨恶人也有违于理性。因
为，如同体弱是身体的疾病一样，恶行也是内心的疾病。因此，
既然我们认为对身体虚弱的人应该给予同情而不是憎恨，那么，
对于那些内心深受邪念困惑而患上了严重疾病的人，就更加应
该怜悯他们，而不是厌恶他们。

IV.

为什么我们要但求一死，

　　不惜亲手断送自己性命？

求死不难，无异于举手之劳，

　　转眼之间死亡疾驶而至。

外有狮蛇熊虎利爪锋牙，

　　内又全副武装自相残杀。①

他们兵戎相见不义宣战，

　　难道是因为在他们之间，

存有水火不容之仇恨？

　　岂知原本并无深仇大恨。

问你是否想公正处之？

　　必爱善人但也怜悯恶人。"

V.

　　我说："我看到了，人间善恶自有祸福相报。可是，我也知道，在一般人的命运中，也还有好坏之分。智慧之人也不愿意遭受放逐、贫困与耻辱，他们也希望在自己的家乡昌盛发达，有权有势和

---

　　① 字面意思是："蛇、狮、虎、熊和野猪是用利齿来攻击人，但人却是用利剑在互相攻击。"

受人尊敬。因为，这样的话，智慧之职事可以更有信誉地得到履行，执政者的幸福也可以被他周围的民众分享得到；而这又主要由于那监狱、死亡和其他法律上的刑罚，尽都是那些犯罪者才罪有应得的。所以，使我感到十分惊讶的是，为什么这些事情却给颠倒了过来，对恶人的惩罚却在迫害着善良的人们，而恶人却反而得到了善报。我很希望从你这里知道，如此不公正的是非颠倒，到底有什么理由。因为如果我认为这一切都不过事出偶然，无规律可循，那我也就不那么惊讶了。然而，既然掌管一切的是上帝，那我更加惊奇。因为按常规，上帝总是奖善罚恶，但有时却会反过来使善良蒙难，邪恶昌盛，那么，除非我们找得出其中的原因，不然的话，常规跟偶然究竟该如何区分呢？"她回答："那是毫不奇怪的，任何事情，当我们不知道它所具有的秩序时，会认为事情的发生是很草率和混乱的。可是，虽然你对事情为什么会如此安排的个中原因一无所知，但正因为这世界有一位掌管者，你就不要怀疑万事都有妥善的安排。³³⁶⁻³³⁷

V.

只见那大角星滑向天之边际，

　牛郎星缓缓引领着北斗七星，

为何它如此晚落又如此早起，

　奇妙的天空行程无人能洞察。

但见漆黑夜幕侵蚀皎洁明月，

　只剩下那弯月钩尖悠悠弱光，

月神收起了她那耀眼的亮光，

　　穹苍中众星辰乘机各显本色，

迷信谣传迅速走遍千万民众，

　　用力敲打铜锣但求月神复回。①

水面狂风大作人们习以为常，

　　也明白阳光照射使积雪融化。

338-339须知个中原因易难各有不同。

　　时有罕见事件令人心惊肉跳，

总会有平民百姓们少见多怪。

　　一旦我们心灵摆脱蒙昧无知，

纵有奇事也未能使我们惊奇。"

VI.

我说："确实是如此。然而，既然你的职责在于把那些隐蔽的事情的原因给解释清楚，把蒙在黑暗之中的道理给揭示出来，因此，我恳求你说给我听，从上面这些事情中可以得出什么样的结论，因为最使我困惑的就是这个谜团。"她略带微笑地说道："你倒是带给我一个最难解决的问题，也是很难给出充分解释的问题。因为，这情况是，一个疑问被解除了，就立刻会有无数个其他的疑问，就像神话中九头蛇的头一样冒出来，变得没完没了，只有靠人

---

① 见泰勒的《原始文化》（*Primitive Culture*），第 296 页起。参见"carmina uel caelo possunt deducere lunam"，Virg. *Ecl*，viii. 69，以及 Juvenal，*Sat*，vi. 440 sq.。

内心深处最富有活力的心火，才能将其压服下去。因为在这一类的事情中，经常会涉及这样的一些问题：天意是否那么简单直接；命运如何进展；什么是突发的机缘；上帝如何洞察一切和如何预先加以安排，以及人具有怎样的自由意志。这些问题的分量有多重，你自己是可以明白的。然而，正因为了解这些事情也是拯救你的一个组成部分，因而，尽管时间很仓促，我们还是设法简单地来讨论一下这些问题。不过，如果你喜欢欣赏优美的诗，那么你现在只能暂时克制一下，我必须先向你陈述一些理论根据。"我说："那就悉听尊便吧。"

然后，好像一切从头开始似的，她说："万物的生成，各样变化 340-341 无常的本性之全部进程，以及任何运动着的事物，都是从上帝的恒定不变的旨意之中获取其原因、次序和形态的。而正是上帝的旨意本身处于其特有的直接性之中，又决定了各种事物多种多样的运动方式；至于在上帝洞察万物的那种直接性中究竟采取哪一些方式，那就是天意了，然而，具体与他所行使和安排的哪一些事情有关，古代人称之为命运。如果我们估量一下这二者所具有的力量，那么，二者之间的差异就突现出来。因为天意指的是居于至高无上的君王之中属神的理性本身，由天意来支配万物，命运却是在各样变易不定的事物之中所固有的某种安排，天意正是通过这种安排使万物都遵循它们应该遵循的秩序。因为天地万物，不管它们如何千差万异，如何层出不穷，天意对它们都是一视同仁的；然而，命运却是按照每一特殊事物的地点、形态和时间的不同分布来各别地使其运转的。所以，当时序的展开被统合到上帝旨意的预见之中时，这种展开就是天意，而这同样的统合在时间中被消化和展开，就叫作命运。二者虽然互不相同，但又互相依赖。因为命运所决定的秩序来源于天意的直接性。这就好比一个工匠，他在自己心中设想好了某一事物的形态，然后用手把它制造出来，他在这样做的时候，乃是按照他在某个瞬间就预见了的时间秩序，同样，上帝凭着他的天意对任何应该直接而实在地去完成的事情作出了安排，然后又凭着命运，用多种多样的方式在时间秩序之中去完成这些事情。所以，在由命运完成的事情

342-343　中，可以有各种各样的情况，可以是出于某一些神灵对天意的顺从，或者，由命运编织而成的错综复杂的关系，也可能来源于某个灵魂，或来源于整个自然界，或来源于星辰的运动，或来源于天使的作为，或来源于邪魔的恶行；但显而易见的是，天意是所有那些将要完成的事情的不变的和直接的形式，而命运乃是上帝的直接性所安排的定当去完成的那些事情的一种变动不定的连接方式。因而，凡处在命运之下的，服从于天意，连命运本身也顺从于天意。然而，某些处于天意之下的事情，却超越于命运的进程。那是这样一些事情，它们贴近居于首位的神性，因而是固定不变的，它们超越于变化多端的命运的秩序。这就好比围绕着同一个轴心旋转的球体，越靠近轴心的部分，越接近于中心的那种简单运动，而且还成为其余外围部分的转轴，而越远离轴心的部分，距轴心越远转动的幅度就越大，扩展的空间就越广阔，然而，只要它们跟轴心相连，就总是为中心的直接运动所吸引，不会完全脱离轴心而自由运动。同样，远离上帝之居于首位的旨意的东西，更严重地受到命运的纠缠，而任何东西，越是贴近于万物的轴心，越是得以摆脱掉命运的纠缠。任何东西如果执着地遵循上帝至高无

上的旨意而毫不动摇，就得以超脱命运的羁绊。因此，如同理性相对于纯真的认知，被生成的东西相对于永恒的存在，暂时相对于永恒，圆周相对于圆心，那变化无定的命运的历程相对于天意之固定不变的直接性，也是类似的情况。命运的历程推动天空与 344-345星辰，使各个元素得以糅合，通过交互的变化使它们变成新的元素。因着果实和种子的承续，万物生生不息。命运的历程又通过某种环环相扣的原因链将人们的行动与运气也包括到里面来，既然这些原因源于那不可变更的天意之本原，因而它也必定是不可变更的。因为，如果存留在上帝旨意中的那种直接性产生了不可更改的原因秩序，而这样的秩序又以其本身的不可变更去限制那原本会变化多端而混乱不堪的事物，那么，万物就得到了最好的掌管。所以，虽然在你看来万物都混乱不堪和杂乱无章，哪有什么秩序可言，但是，万物其实都受其自有的那种向善的趋势的支配。因为没有任何东西是为了邪恶的缘故而被造就出来的，即使那些恶人也是这样；他们也追求善，但被一些邪念引入歧途，须知那源于至高无上的善性之轴心而形成的秩序，应该阻止任何人偏离他自己的本原。

可是，你会说，性善之人既可能身处逆境，也可能兴旺发达，同样，性恶之人也既可能万事如意，又可能事事倒霉，世上还有比这种混乱更不公平的吗？可是，人们真有绝顶的聪明可以绝对正确无误地分清善人与恶人吗？他们作出的判断会截然相反，对同样的人，有人认为应该嘉奖，有人却认为应该惩罚！不过，我们承认，的确有一些人可以明辨善恶。那么，他们因此就能够像观察 346-347身体那样观察人的灵魂的内在气质吗？对于不知道原因的人来说，为什么同样身体强壮的人，有些人会喜欢甜的食物，而另一些人会喜欢苦的食物，同样，有些病人可以用温和的药物去治愈，而另一些病人则要下猛药才能治愈，他们百思不得其解。然而，对于一个熟知健康与患病的表现和症状的医生来说，这没什么奇怪的。那么，灵魂的健康不就在于行德吗？而患病不就在于行恶吗？那既发扬善性又驱除邪恶的，不就是上帝，即那位人们心灵的统领者和掌管者吗？上帝从他的天意之高塔上看到什么适合于每一个人，并分派他所知道的最合适的东西。而在这里，命运作出的安排让人倍感惊奇，上帝明明知道什么是最好的事情，但所做的却是只有无知者才感到高兴的事情。在上帝的用意深刻的行事中，我们可以略略谈谈其中某些人的理性所能够理解的事情，你认为他为人正直和严守教规，在那洞察一切的天意看来，却并非如此。我们的追随者卢卡努斯＊说，取悦于神灵，是征服者的事业，而不是那个被征服者加图的事业。① 所以，那些出乎你意料之外而完成的事情，其本身合情合理，而显得反常糊涂的倒是你自己对此的看法。然而，如果某个人毕生一帆风顺，同时受到上帝和人们的称赞，那他也许就会变得经不起挫折，一旦陷入逆境，必定会抛弃原来的天真纯洁，认为靠天真纯洁不能使自己一直处于好运之中。因此，上帝作出的聪明的安排，就在于使他不至于

＊ 指罗马诗人和哲学家卢卡努斯（Marcus Annaeus Lucanus，公元 39—65），著有著名叙事长诗《法尔萨利亚》（Pharsalia），所述的这句诗句所说的是，恺撒大帝于公元前 46 年取得最后胜利，这时，共和政体的坚决拥护者加图（M. Porcius Cato）认识到共和事业已经最后崩溃，就自尽而死。——译注

① *Pharsal*. i. 126.

因为处于逆境而变坏，以免他遭受太多的苦难。我们另外举出一 348-349
个道德高尚品行完美的人，一个贴近上帝的圣者，按照天意的判
断，是不应该让他受到磨难的，从而不应该让他因为患重病而受
苦。有一位比我优秀的人说过：'圣人的身体是由纯净的以太构
成的。'①＊经常的情况是，善良的人们会身负抑制邪恶滋生的重
任；而对于其余的人，天意是按照他们各自的灵魂的状况来混合
苦甜的成分；对其中一些人，天意让他们遭受些苦难，为的是使他
们不要因为久居福中而忘乎所以；而对另外一些人，天意又让他
们碰上一些麻烦事，为的是使他们可以在逆来顺受的忍耐过程中
坚信自己的灵魂所具有的力量。有些人过分地害怕那些其实他
们能够承受的事情。而另一些人又过分小看那些其实他们承受
不了的事情。对所有这些人，天意都故意给他们增加麻烦，要他
们经受考验。他们中有许多人，曾经以自己光荣的去世而享誉整
个世界。某一些人克服了一切艰难困苦，凭着他们所做出的榜
样，说明美德不会由于困苦而受阻，而且，毫无疑问，他们所遭受
到的一切安排得那么好，是对他们非常有好处的事情。出于同样
的原因，对于恶人来说，降临到他们头上的，有时是一些悲哀的事
情，而有时却是一些高兴的事情。恶人受难，任何人都不感到奇
怪，因为觉得理该如此。恶人受罚，既可以威慑别人不要重蹈覆

---

①　出处不详。

＊　这里所提到的人，可能指公元 3 世纪的哲学家特里斯梅吉斯图斯（Hermes
Trismegistus）。许多新柏拉图派的哲学家都使用"以太"来描述那种用以填补上帝与
人之间的空隙的物质。可是，波爱修斯似乎还没有有意识地运用到这一层的意
思。——译注

辙，又可以促使他们改邪归正。而另一方面，他们所获得的幸运，对于善良的人来说，是一个重大的根据，可以据以判断他们经常看到的赏赐给恶人的这种欢乐。还需要考虑到这样一种情况，某些人具有一种刚愎自用的气质，他们越是困苦，就越是变坏；对于这样的人，天意为了医治他们的疾病，就让他们有足够的钱财。而另有一些人，他们明知自己罪孽深重，把自己的品性跟自己当前拥有的产业做了比较，生怕会丧失掉这些给自己带来欢乐的产业。为此，他们决心痛改前非，为了害怕失去好运而改邪归正。那些享有本不应该享有的荣誉的人，这样的荣誉抬得越高，就越使他们陷入他们应得的毁灭之中。另外有些人，他们有权去惩罚别人，为的是可以做到罚恶扬善。而且，正如品性高尚的人和品性邪恶的人之间不可能建立联盟一样，恶人当中也绝不可能意见一致。为什么呢？因为他们会为自己所行的违背自己良心的恶而争吵不休，他们经常在做一些事后会感到后悔。为此，那至高无上的天意经常会施行奇迹，使恶人所行的恶使别的恶人变好。因为好多身受恶人之害而感到愤愤不平的人，因为恨那些恶人而从善，与他们所恨的恶人背道而驰。只有来自于上帝的力量，才会认为邪恶的事情也可以成为好事情，只要运用得当，上帝也可以从中取得良好的效果。因为总有某种秩序在统辖着万物，即使某件事情偏离了原来指派给它的秩序而落入另外的某个秩序之中，但那也还是秩序，不然，在天意的王国中就会出现极度的混乱。'但我无法像上帝一样叙述这一切。'[①]因为，对于上帝所行之事的全部架构，没有一个人能够凭他的智慧去理解，也没有一个

---

① 引自荷马《伊利亚特》，xii，176。

人能够用语言加以解释。不过,我们已经充分地看到,这位创造 352-353
宇宙万物的上帝,是在使万物向善,而在他力图使那些由他所创
造的事物都保持跟他相像的时候,他又通过命运的定数把一切邪
恶的东西驱赶出他的王国,这就够了。所以,如果你注意天意所
作出的安排,你就会发现,那看起来在地上蔓延的恶,其实根本没
有立足之地。可是,我看这样长时间谈论一个艰难的问题,会把
你累垮了,我的长篇大论也会使你厌倦,你会希望从诗歌中寻求
乐趣。那么,就停顿一下,休息片刻,然后再继续下去吧。

VI.

如果你想用纯洁的心灵
　　观察上帝的律法,
那你就该全神贯注凝视苍天,
　　它使星辰平静运行。
太阳的耀眼光芒如烈焰四射,
　　仍让皓月当空高挂,
连北方的大熊星座也不愿意
　　在波涛中淹没星光。
尽管周围星辰逐个退避而去,
　　它却仍在天际翻腾。
暮色夕阳预告夜幕即将降临,
　　待启明星带回白昼。
那交互的爱心纽带周而复始,
　　　　　　　　　　　　　　354-355

尽将争端逐出星空。

如此甜美的协调以均衡纽带

　　将各个元素联结住，

湿物求燥而酷冷与火焰为友，

　　熊熊烈火袅婷升空，

剩下粗俗尘土飘落沉入大地。

　　芬芳百花迎春怒放，

夏季的炎热酷暑将谷物催熟，

　　沉沉果实金秋丰收，

秋去冬来自有大雨润湿泥土。

　　这些规律滋养扶持

大地上万样的造物成长生存。

　　到它们消亡死去时，

这些规律又领它们走到尽头，

　　那造物主高高端坐，

亲手勒住整个世界的缰绳。

　　他是被造物之君王，

他用无上权威掌管着被造物。

　　一切被造之物无不

靠他才得以产生并繁荣昌盛，

　　他就是律法和法官，

由他裁决一切被造物之权利。

　　是他经常调配力量，

制止住那些飞速运动之事物，

致使它们突然停顿。

要不是他的威力遏制住暴力，

　　如若继续听任它们

无边无际地到处去胡乱冲撞，

　　使万物错落有致的

严谨天意就会很快遭到毁坏，

　　万物必将离本绝灭。

是此普施于万物的强大爱心，

　　皆本于那善良愿望，

才拯救它们离邪而回归本原。

　　若非爱心尽力挽回，

让世间万物重新又回归原样，

　　更无一物得以延续。

356-357

VII.

现在你是不是明白，从我们前面所说过的话，可以得出什么样的结论?"我问:"什么结论呢?"她说:"那就是说，无论什么样的命运，都是向善的。"我问:"怎么会呢?"她说:"你要注意，既然所有各样的命运，不管是好运还是厄运，都是为了奖善罚恶，因此，很显然，它们都是向善的，因为它们全都是公正和有益的。"我说:"道理是很对，而且，如果我想到你刚才所解释的天意与命运，那么，你的说法是很有根据的。但是，如果你乐意，让我们把它列入你不久前还认为不可相信的那些说法中。"她问:"那为什么呢?""因为人们通常都会一而再再而三地说某某人交上了厄运。"她

说:"难道我们一定要限于使用那些庸俗的词汇,似乎只有这样才
不至于无法跟人们沟通吗?"我回答:"如果你高兴的话。""那么,
你不认为凡有益之事都是好事吗?"我说:"是的。""可是,那个行
善或改过的命运,不是有益的吗?"我说:"确实是有益的。""那它
不就是好事了吗?""为什么不是呢?""但是,处在这样状态中的
人,或者是品性高尚而正在与逆境搏斗的人,或者就是改邪归正
一心向善的人。"我说:"这一点,我无可否认。""那么,对于好人善
有善报而获得的好运,你会说些什么呢? 普通老百姓会说这样不
对吗?""不会,他们会认为那是再好不过的,而实际上也确实如
此。""那种用惩罚的方法制止恶人行恶的厄运,老百姓不也认为
很好吗?"我说:"他们认为这是最可悲的。"她接着说:"那么,你
看,按照老百姓的看法,我们会得出一个十分不可信的结论。"我
问道:"什么结论呢?"她回答:"按照我们所认可的看法,只要是在
德行方面有所行为或有所推进或有所开始的人,不管怎么样,他
们的命运就都是好的;而那些继续行恶的人,他们的命运就都是
最坏的。"我说:"是该如此,不过没有人敢这样说。"她说:"所以,
一个有智慧的人,在他身处逆境时,不应该感到太大的困惑,就好
比一个勇敢的军人不会因为听到警报声而慌乱一样。 正是在遇
到困难时,有人可以因此而增添荣耀,也有人可以因此而增进智
慧。德行之所以有这样的美名,就因为它具有足够的力量去克服
困难。①而像你这样一位德高望重的人,从来没有沉迷于花天酒
地之中,也从来没有因为享乐而变得萎靡不振。你在奋力地与任

358-359
360-361

---

① 波爱修斯在探讨 uirtus[德行]的语源时表现出独立于西塞罗的不同做法,即
认为它来源于 uir[男人]。参见《图斯库兰谈话录》,2,xviii. 。

何一种命运作斗争,因为,你既恐怕厄运会将你压垮,又唯恐好运会使你堕落。那就让你始终严格地保持不偏不倚吧!因为无论什么东西,不管是短少了还是过多了,都会因此而藐视命运,但这样一来,也就白白辛苦而绝不会获得回报了。至于你喜欢什么样的命运,取决于你自己。因为,不管是行善还是改过或者是去惩罚,似乎都是很艰巨的事情。

VII.

阿特雷乌斯*那个一心要复仇的儿子①,

　　苦战十年才扫平特洛伊,为他兄弟复仇。

他指挥的希腊舰队在海上遭遇狂风,

　　他心里明白只有用鲜血才能平息狂风,

这时他全然不顾他当父亲的本分,

　　举起利剑刺向心爱女儿来取悦众神。

奥德修斯为他最忠诚的随从痛哭,

　　哀悼他们落入独眼巨怪的恶手,

但当他施巧计弄瞎独眼巨怪的眼睛时,

　　他立刻又破涕而笑转为无比的欢乐。

赫拉克勒斯以力大无穷屡建奇功闻名,

　　他曾驯服半人半马怪物并且制胜雄狮。

----

　　* 阿特雷乌斯(Atreus)是希腊神话中阿尔戈斯(Argos)国的国王。其子阿伽门农(Agmemnon)继承王位后,在特洛伊战争中任雅典军队的统帅。——译注

　　① 字面意思:"他的左手拿着如黄金般沉重的金属家伙。"

他一箭就射穿了斯廷法罗斯湖的怪鸟，

　　又从严加防守的苹果园里取得金苹果。

他用三重链条拴住了冥府的看门狗，

362-363　　　又用其凶猛主人身上的肉去喂养烈马。

他用火焚毁了七头毒蛇的疯长的毒头，

　　并且切断了阿海洛乌斯河的各条支流，①

迫使它销声匿迹悄悄躲到河岸里面去。

　　在利比亚沙漠中他杀死了那傲慢巨人，

杀死卡库斯去平息埃凡德鲁斯的怒气＊。

　　那曾被野猪的白色唾沫玷污了的肩膀，

扛起高高的苍天却连头颈也不用弯曲；

　　这可算是他最后的也是最艰巨的事业，

他所得回报就是他重新又获得了苍天。

　　你们勇士们快去走这声誉显赫的大道，

在这条大道上你们千万不要退缩不前，

　　制服大地之后众星辰就会为你们加冕。”

---

　　①　字面意思："阿海洛乌斯河失去了它的角峰而丢尽脸面，只得羞惭地将脸埋到河岸上去。"

　　＊　卡库斯（Cacus）是火神伏尔甘（Vulcanus）的儿子。埃凡德鲁斯（Evandrus）是赫耳墨斯之子，据传是他创建了意大利的文字、艺术和法律。——译注

《哲学的慰藉》第五卷

I.

她说完了这些以后,转而去谈论和解释另外一些问题,这时,我打断了她,我说:"你这样对我循循善诱,真是太好了,也更能显示出你的权威来。不过,凭经验,我发现天意问题是跟其他许多问题纠缠在一起的,这一点,你也已经肯定过。我希望知道,你是不是认为偶然便是一切的一切,也希望知道这偶然究竟是怎么一回事。"她回答:"我迫切希望履行我的诺言,也希望从速给你指明,你可以通过什么样的途径回到你的家乡。但这另外的问题,尽管非常有益,却偏离了我们的目标,我也生怕你会感到困扰,觉得这样离题太远使你无法完成你直达的旅程。"我说:"不必担心,因为我非常乐意于去理解那些使我得到很大乐趣的事情,况且,如果你的论述严密而无懈可击的话,那么,你的任何结论也必定是无可置疑的。"她接着说下去:"我会尽力按照你的要求去做。如果有谁想把偶然定义为由某个胡乱的行动所产生而没有前因后果的事件的话,那么,我敢说没有那样的事,偶然只不过是没有

任何真实意义的空洞言辞而已。既然上帝以恰当的秩序支配着
万物，就不会给胡作非为留有任何余地。因为从虚无之中生成的
还是虚无，没有一个古人否认过这一点，虽然他们还没有掌握识
别有效原因的原理，他们所掌握的，无非是认识物质主体的原理，
他们把这个原理作为他们所做的有关自然界的一切推论的基础。
但是，如果任何事情都事出无因，就好比从虚无中产生，如果这是
不可能的话，那就根本不可能存在前不久刚刚定义的那种偶然。”
我问：“那么，根本没有什么东西应当被称作偶然或者命运吗？或
者，有某种东西，虽然不为一般人所了解，但确实符合那样一些名
称？”她说：“我的那位亚里士多德，在他的《物理学》①一书中，扼要
但非常确切地阐明了这一点。”我问：“这是如何做到的呢？”她回
答：“如果人们带着某个确定的意图去做一件事情，却由于人们意
图之外的原因而发生了另外的事情，这就叫作偶然，例如，有人为
了耕作而去开垦土地，却发现了一座隐藏的宝库。大家以为这是
命运所致，但其实它并不是无中生有的，其中有其特殊原因，由于
这些原因之意外的和没有被预见到的巧合，似乎产生出如此的偶
然来。因为要不是有这个农夫开垦土地，要不是有别的人把钱财
埋在了这个地方，宝库也就不会被发现。所以，这是出于幸运的
偶然的原因，这类事件乃是产生于各个原因的巧合，而不是产生
于行为者的意图。因为无论是埋藏黄金财宝的人还是耕作土地
的人，都没有让钱财给发现出来的意图，然而，正如我前面说过的
那样，事情的发生是由于这个人正好在另一个人埋藏了钱财的地

368-369

---

　　①　参见亚里士多德的《物理学》，II，4。

方挖掘土地。因此,我们可以这样定义偶然:偶然是在完成具有某种目的的一些事情时由于一些原因的巧合而形成的出乎意料的事件。至于那些原因为什么如此巧合而汇集到一起,就在于那个随着不可避免的互相联结而向前推进的秩序,而源于天意的这种秩序将万物都安置在它们应在的地点和时间之中。

I.

正是安息人飞镖杀敌的那些波斯山岩,

　　同为底格里斯河和幼发拉底河之源,

它们一经流出山岩便自各循支流奔腾;

　　但如若它们重又汇合再度归成一河,

两河汹涌波涛势必合并顿成惊涛骇浪;

　　河中舟船必碰撞岸边而裸根树木堆积,

更使两河凶猛洪水合共肆虐遍地成灾。

　　但纵然如此河水也还会流入低洼之处,

此类偶发事件仍受制于斜坡水流规律。①

　　可见虽然命运貌似那脱缰野马在驰骋,

但仍始终受制于某类规律作有序流动。"

370-371

---

　　① 字面意思是:"然而,所有这些(表面上看来)纯属偶然的情形,还是取决于斜坡面以及河流流动时的流程。"

II.

我说:"这我注意到了,我也承认确实如你所说的那样。但是,在如此紧密的因果关联中,我们还有没有自由意志,或者,命运之链也禁锢了人们心灵的活动吗?"她回答:"我们还是拥有自由意志的,因为如果未被赋予自由意志的话,那也就不可能存在合乎理性的本性。凡出自于本性就会运用理性的人,都能够凭本身的判断能力去识别任何事物,即凭本身的能力区分哪些事情是应该避免的,哪些事情是应该争取的。这样,每个人都尽力做他想做的事而不做他认为应该避免的事。所以,凡自身拥有理性的人,也拥有愿意或不愿意做某事的自由。但我并不认为所有人都具有同等的自由。因为只有至尊和神圣的存在者才既具有洞察一切的判断能力和纯洁无瑕的意志,又拥有实现自己愿望的实权。但是,如果人们的心灵能够跟上帝保持一致,必定就更加自由,如果他们沉湎于肉体之中,那他们的心灵就较少自由,而如果他们受尘世的羁绊,他们所拥有的心灵自由就更少了。可是,当他们甘愿为非作歹时,他们就受到最大的束缚,这时,他们就丧失了对自己理性的自主权。因为一旦他们把目光从至尊的真理转移到一些卑劣微贱的事物上,他们的双眼立即就被蒙上了无知之阴翳,身受各种有害情感的困扰,而由于屈服和附和这些有害的情感,他们就使得原来加在自己身上的束缚变本加厉,成了自身自由的俘虏。但尽管如此,那自永恒以来就一直注视着万物的天意洞察一切，对每一样事物，都按照其应得的本分预先做了安排。

II.

诗人荷马①用他如蜜的嘴唇，

　赞颂太阳神的光辉灿烂，

然而即使最强烈的阳光，

　仍旧照射不到大地

深处和海底之暗穴。

　仰望那位世界之创造者，

唯有他才'洞察和俯听一切'。②

　辽阔大地虽然无比纵深，

没有一物可以逃脱他的视线。

　也绝无阴云可阻挡其间。

只要他运用他那睿智的一瞥，

　便尽知过去现在与将来。

你既明知唯独他才明察秋毫，

　就该欢呼他为真正的太阳。"

---

① 荷马《伊利亚特》，iv. 277，和《奥德赛》，xii. 323。

② 这一行诗取自于波爱修斯用以开始诗篇的那段希腊文，它来自于荷马的"洞察和俯听一切"。

III.

接着，我抱怨我现在越来越糊涂，疑虑重重。她问："怎么会呢？我已经猜到是什么让你感到困惑了。"我说："说上帝预知一切，又说人有自由意志，这是不可能的，是自相矛盾的。因为如果上帝预知一切，如果他不可能受骗，那么，必然可以得出结论，他的天意可以预知一切将要发生的事情。所以，既然自永恒以来上帝不单预知人们所要做的事情，而且还通晓其意图和愿望，那么根本不可能有自由意志，因为除了不可能受骗的上帝的天意预料到的事情之外，不可能还有别的行为或意志。如果事情的发生不如上帝所预料的，那么，也就谈不上天意对于将要发生的事情具有确切的预知，只不过是抱有某种不可靠的意见而已，而在我看来，这就是对上帝的不敬。我同样也不认可某些人认为可以凭理智去解决这个疑难问题。他们说，一切事情并不是因为天意已经预见到了才发生，恰恰相反，正因为它们将要发生，就不可能不为天意所知晓，这样，必然性的含意就发生了转变。他们认为，被预见到的事情未必会发生，将要发生的事情则必然会被预见到。似乎我们的问题在于，究竟什么才是一件事情的原因，是对将要发生的事情的必然性的预知呢，还是对将要发生的事情的预知的必然性，而且，似乎我们并不企图去证明，这些被预知的事情，不管上述原因孰先孰后，其发生是必然的，即使这种预知看起来并未决定事情本身必然要发生。例如，如果某个人坐着，那么，认为他坐着的看法必然是真实的，另一方面，如果认为他坐着的看法是真实的,那他必然是坐着的。因此,二者都存在必然性,一是坐着的必然性,一是说真话的必然性。然而,人之所以坐着,并不是因为这看法是真实的,正好相反,这看法之所以真实,乃是因为他坐着。所以,虽然认定其为真话,那是由于另外的原因,但二者确实有着共同的必然性。

说到天意和未来的事情,情形也同样如此。因为,虽然这些未来的事情将要发生才得以被预见,并非被预见才得以发生,但就算是这样,或者是那些将要发生的事情被上帝所预见,或者是被预见到的事情得以发生,仅此一点足以推翻自由意志。但是,如果竟然将世上那些短暂的事情的发生说成是永恒先知的原因,该是何等荒谬啊!认为上帝会预见未来的事情乃是因为它们即将发生,岂不等于认为很久以前发生的事情却是至高无上的天意的原因?况且,如果我知道某件事情在发生,它必然会发生,那么,如果我知道某件事情将要发生,它也必然会发生。由此可见,一件被预知的事情不可避免会发生。最后,如果某人抱有跟事实不符的想法,那么,那种想法非但不是知识,还是一种远离知识之真理性的谬见;所以,如果某件事情的发生与否还不确定,或者,未必会发生,那么,又怎么能够预知它将要发生呢?因为,正如知识绝对掺不得一点假一样,知识所陈述的不能与其陈述的对象不符。这就是知识绝不作假的原因所在,因为任何事情都必然是知识所理解到的那个样子。那又如何呢?上帝如何预知这些不确定的事情将要发生?如果他判定那些其实有可能不发生的事情不可避免地会发生,也即认为他是受到了蒙骗,那么,这样想和这样说都是亵渎上帝。可是,如果上帝只是认定这些事情既有可能

378-379

发生也有可能不发生,那么,对这种根本无法确切肯定的事情的
预知,算什么预知呢? 或者这又比忒瑞西阿斯所作的'我所说的
任何事情,或者会发生,或者不会发生'①可笑预言强多少呢? 或
者,如果上帝也像人们一样,搞不清楚那些不确切的事情究竟会
不会发生,那么,上帝的天意又有什么超越人类的见解呢? 但是
如果对于这个万物之最可靠的源泉来说,没有任何一件事情是不
确切的,那么,这些事情的发生就是确切的,他非常确切地知道它
们会不会发生。因此,在人的意图和行动之中,根本就没有自由,
他们的意图和行动都由那毫无差错或失误地预见到万物的上帝
的天意将其联结成某个事件。而我们一旦承认了这一点,显然就
认清了人间事务的空虚。因为人们所说的奖善罚恶,既然并不是
由于人们出自内心的自由的和自愿的行动而应得的回报,就徒劳
无益了。现在大家认为最公平的事情,会成为最不公平的事情,
不管是恶人受到惩罚还是好人得到善报,都不是由他们自己的意
志所导致的,而是受某种肯定的必然性所驱使。这样,做好事和
做坏事并无二样,一切功过都混在了一起。而且,最亵渎上帝的
事情在于,既然事情的一切秩序都出自于天意,人自己的意图起不
到任何作用,可见我们所行的所有善行,全都应该归功于那位善性
之原创者。因此,没有办法再去期望和祈求什么,因为所有能够去
期盼的事情全都由某种不可更改的进程给联结了起来! 这样,上帝
与人之间唯一的联系,即向上帝表达自己的愿望和向上帝祈求这样
的事情,也被剥夺了。我们原本以为,以我们的谦卑恭顺可以获得

380-381

---

① 引自古罗马诗人贺拉斯(Horatius)的《讽刺诗》,第 2 卷,第 5 章,第 59 节。

神恩的无可估量的好处,这也正是人可以与上帝沟通的唯一方式,通过这种祈愿,人才在获得任何东西之前先跟那不可接近的光联合到一起 * ;如果我们认定未来的事情早有定数,这样的祈求也许就不会有什么力量了,我们凭什么跟万物之至高无上的君王联合到一起并依托他呢? 因此,正如在你不久前的诗歌中所说的那样,人类势必会被割断其来源而永远沉沦。

III.

是什么样的不和切断了爱心之纽带?

　　而上帝又如何对待这两个真理之争?

二者如各自分离倒也能相安无事,

　　但为什么无论如何也不能合到一起相提并论?

在真实事情里我们看不到任何不和,

　　莫非是因为它们彼此之间仍还有必然联系?

可惜我们的愚钝灵魂备受肉体蒙蔽,

　　凭其微弱目光无可知晓联结事物的秘密规律。

只是想要寻找到事物之深藏的机密,

　　为何灵魂却以对真理的如此热爱而坚持不懈?

如他已全然明白他所孜孜以求之事,

　　那他为什么还要去了解他已经了解的事情?

---

　　* 在《圣经》中,无论在《旧约》还是在《新约》中,都有很多处用"光"来象征上帝的形象,参见《使徒行传》,第 9 章,第 3 节,第 22 章,第 6 节和第 26 章,第 13 节。——译注

382-383　如他还不明白那又为什么如此莽撞？

又有谁会竭尽全力去追求完全无知的事情？

如此无知的人竟会穷追不舍？

穷追不舍又能得到什么结果？

即使得到又何能识别其形态本性？

岂不知正因为灵魂曾见过至尊神灵，

难道我们就不该说他曾经洞察一切？

目下虽有肉体的种种阴云使灵魂受蒙蔽，

但他仍不忘记一切自古应有之本分，

尽管各样事情的种种技巧细节已经记不清楚，

但那总体的动态却仍旧记忆犹新。

凡一心追求真理的人绝不至于完全失落，

虽未能万般全知却也未必一无所知，

至今他还清楚记得那些总体的事情，

又回忆起在高天之上见过的事物，

把忘记了的事情加入记得的事情中去。"

IV.

她接着说道："自古以来就有人如此埋怨天意，西塞罗在《论定命》中谈到预见时曾经那么激动，你自己也对这件事情作了长期深入的思考。然而，迄今为止，你们中还没有人花费足够的精力对此作出解释。之所以会含糊不清，就因为上帝的预知是那么直接，而人的表述能力无论如何也达不到那样的高度。假如我们能够设法表达出这种预知,就不会再有什么疑惑了。既然我先前已经向你解释过是什么使你感到困惑,现在我愿意尽我所能让你明白其中的道理。已经有好些人指出,自由意志并没有受到预知的阻碍,因为他们认为预知并非导致将要发生的事情必然发生的原因,那么,请你告诉我,为什么你觉得他们这样解决问题却是不充分的呢。除了认定这些被预知到的事情必然发生外,你还能根据另外的什么原理,找到证据来证明未来事情发生的必然性? 因此,如果 384-385 预知并没有将必然性强加给未来的事情,就像你不久之前承认的那样,那么,为什么自愿的活动才能使事情取得成功呢? 举一个例子,让你看看从中可以得出什么样的结论。我们不妨假定根本就没有什么天意或者预见。那些出自于自由意志的事情还会服从于必然性吗?"不会了。""其次,就算我们承认存在天意或预见,但它并没有将必然性强加给任何事情;毫无疑问,意志自由仍然完整而绝对地保留着。

可是,你会说,即使预知并没有使那些将要发生的事情必然发生,但它毕竟是一个标志,表明这些事情必定会发生。所以,哪怕根本就没有预知,未来的事情必定会发生。因为一切标志都仅仅表明那是什么,并没有导致它们所设计的事情发生。由此可见,首先应该证明的是所有事情都按必然性发生,而预知显然是这种必然性的一个标志。否则,假如没有必然性,预知不可能成为根本就不存在的事情的标志。另外,也很显然,任何可靠的证明都必须来自于内在的和必然的理由,而不是来自于标志和其他一些牵强的论证。然而,怎么可能有些事情被预见到要发生但实际上却没有发生? 我们似乎曾经相信那些事情并不是天意所预

386-387　知的，却不愿意作出这样的判断，即认为事情虽然发生了，但按照其本性你可以很容易推定它们并不是必然要发生的。因为我们亲眼看到了许多事情正在发生，这些事情，比如马车夫一边驾车一边所做的其他事情。那么，必然性会像这样驱使这些事情中的任何一件吗？"不会。因为假如所有事情都是被强制驱动的，那艺术劳动也就白费了。""所以，正如这些事情发生的时候没有什么必然性一样，在它们发生之前，也没有必然性注定它们将要发生。由此可见，某些事情的发生是完全没有必然性的。因为我相信没人会说，他们曾经认为那些现在已经发生的事情，在其发生之前是不会发生的。因此，这些事情即使被预见到，也有发生或者不发生的自由。因为正如对现在事情的认知并不导致正在发生的事情必然发生一样，对将要发生的事情的预知，也不会导致它们必然发生。然而，你会说：这就成问题了，既然那些事情未必发生，哪里谈得上对这些事情的预知呢。这似乎是自相矛盾的事情，按你的想法，假如未来的事情被预见到了，那就一定有必然性，而假如没有必然性，那事情就没有被预见到；而且，任何事情，除非它是确切的，否则就不可能被完全认识清楚。但是，假如将那些并非确切的事情预见为确切的事情，那么，显然是思维混乱，而不是什么知识之真理。因为如果对事情的判断不同于它实际之所是，那么，你一定认为这样的判断跟知识整体相差甚远。造成这种谬误的原因，就在于按照你的想法，凡你所认识的事情都

388-389　只有依靠事情本身的本性和力量才可以认识，而这样的想法与事实完全背道而驰。因为任何被认识的事情都不是凭它自身所具有的力量，而毋宁说是凭认识它的那些主体的能力。我们可以用

一个简单的例子来说明：在识别同一个球形物体时，视觉与触觉的方法是不一样的。视觉是人站在一段距离之外凭他的视线来感知，而触觉则是跟这个球体连到一起，感知它的大小，从其一个个部分而得知它是圆的。与此相类似，在观察一个人时，感性、想象、理性和知性，都是各不相同的。感性注视的是他的实实在在的外形，是他的主体，想象则是完全脱离开形体而去辨认他，而理性更进一步，从他所属的种属和类属去对他作普遍的考察。不过，知性的着眼点就比所有这一切更高。知性超出整个世界的范围，用明察秋毫的心灵的眼光去注视单纯形态本身。

　　我们主要考虑的是，高一层理解力包括了低一层理解力，但低一层理解力却绝不可能达到高一层理解力。脱离开了形体，感性就毫无其他的力量，想象则不能构想出普遍的类属，而理性也不可能把握纯真的形态；然而，知性似乎是自上而下进行观察的，它构想出了那个形态，洞察处在它之下的万物，不过，它认识这个形态的方式是舍它之外无法做到的。知性熟悉理性所擅长的，推而广之，也了解想象所创建的形象，也认识感性所依赖的有形形体，可是，对理性、想象和感性，它全都不去加以运用，它似乎是凭着心灵的闪烁而从形态上洞察了万物。同样，理性在考察事物的普遍性时，虽然并没有运用想象和感性，却将想象和感性事物都 390-391 包括了进去。因为它是按照它的想法来定义普遍性的：人是一个具有理性的双足直立的生物，既然这是一个普遍知识，没有人会否认这也是一件可以想象到和感觉到的事情，但理性是凭着合乎理性的思维，而不是靠想象或感觉去得知的。同样，虽然想象一开始依靠的是视觉，构成形象，可是，当这种感觉消失了的时候，却并不是按照感性模式，而是按照想象中的认知模式去对待感性事物。那么，你是不是看到了，所有事物在认知过程中，宁可运用自身的力量和能力，而不运用那些已认知的事物的力量？这本该如此；因为所有判断都是作出判断的人的行为，每个人应该凭他自己的力量，而不是依靠任何别的力量去完善他的行为。

IV.

古老的斯多葛预言家们①曾教导我们，

　　须知那呈现给我们思想的感觉与想象，

都是从外部对象中获取它们的印象，

　　如同古时习俗中在蜡版上用快笔书写，

而那空白的蜡版原本未留任何印记。

　　但如我们的心灵对所写之字未能开窍，

甘愿耐心去伺候各形体呈现之形态，

　　恰似事物在镜子中反射出的虚空形象。②

有谁知如何才能使心灵通晓万事？

　　或者说有何技巧可以洞察某些事情？

而既已知道是什么力量将它们分割，

---

　　① 原文为"柱廊"，指雅典饰有描述马拉松战役壁画的柱廊（στοὰ ποικιλη），斯多葛派创始人芝诺（Zeno）曾在此发表演说。

　　② 参见"Quin potius noscas rerum simulacra uagari. Multa modis multis nulla ui cassaque sensu"［然而，还是要知道，事物的偶像数目众多，形态多样，但却无法刺激感觉］。卢克莱修，iv. 127，128。

就可以将这些被分割的事物又行联合，

既能经过各种途径向往至高无上，

又可以重新回归到最低下之物，

当心灵洞察一切而返归自身时，

岂不就能依靠真理而摈弃一切谬误？

如此定然生气勃勃而具有更大活力，

远远胜过仅靠从外部获取反射之力量。

但凡生物总是先由这被动接收开路，

如此才能在心灵中激起最初之萌动。

这就好比光入我眼和声入我耳一般，

促使迟钝的心灵激起兴奋幻想之浪花；

思绪万千而总能与客体之本性匹配，

然后内心心灵将所摄取到的外来形象，

与它自身内含的种种形态联为一体。

V.

在有感觉的肉体之中，外部物体的种种特性确实会影响其感觉器官，而肉体的被动反应也会优先于那主动的心灵所发挥出来的气势，从而会激发心灵的活动，激活那原先静卧着的各种内在 394-395 形态。然而，我说，心灵在感知这些有形物体时，并不是从被动反应中获取印象，而是依靠它自身的力量对这种被动反应本身作出判断。那么，对于那些完全不受肉体的被动反应之影响的力量来说,它们在作出判断时,岂不更是在实施心灵活动而不会仅仅跟随外部事物?这样,对形形色色的事物才会产生多种多样的认识。因为只有在那些例如贝壳类和其他一些生长在岩石上的不可移动的生物那里,才具有那种没有任何其他认知手段的感性;而有追寻猎物和逃避敌害能力的可运动的动物,则具有想象。但理性却唯独属于人类,正如知性唯独属于属神的事物一样。因而,知识是最优秀的,它原本不仅认识自身对象,而且也认识另有所属的对象。假如感性和想象认为理性自以为察觉到的那种普遍性其实一无所是,反对作种种论述和推论,那又该如何呢?因为它们会反驳说,凡可以感知或想象的,都不可能是普遍的;因此,要么理性判断必定是确切的,而感性的东西一无所是,要么由于理性知道许多事物服从于感性和想象,因而,将感性的和个别的东西设想为普遍的东西,那就是胡作非为了。而且,如果理性应该回答她在一切感觉和想象的事物之中识别出其普遍性,但因为对这些事物的认识不可能超越出有形的形象和状态,也不可能企望去认识普遍性,我们势必更加信赖在认识事物时要作出更加可靠和更加完善的判断,这样,作为既有论述能力又有感觉和想象能力的我们,在发生这样的争论时不应该站在理性一边吗?同样,人的理性并不认为属神的知性对未来事物的认知会跟自己对未来事物的认知有什么不同。因为你会这样反驳:如果任何事情都似乎不是必然会发生的,那么,它们当然就不可能被预知将要发生了。因此,根本就没有什么对这些事情的预知可言了,而如果我们认为有预知的话,没有什么事情的发生不是必然的。所

396-397

以，作为富有理性的我们，假如具有跟上帝的心灵一样的判断力，那么，正如断定想象和感性应该服从于理性一样，我们也应该认定，人的理性理应服从于上帝的心灵，这是合乎情理和极其正确的。因此，让我们尽可能地把自己提升到跟至高心灵一般的高度；在那里，理性会见到它在自身见不到的东西，会发现，确切无误的预知甚至能预见未必会发生的事情，这不仅仅是想法而已，而是那不受任何约束的至高无上的知识所具有的直接性。

V.

大地上存活着的生物形态何其丰富！

　有些体态扁平在尘土之上缓缓爬行，

在它们爬过之处划出条条沟纹。

398-399

　有些乘风展翅在万里长空翱翔。

有些行走在林间田野，处处留下脚印。

　虽然在我们眼中它们形态千差万别，

但全都向大地俯首感受着尘土。

　唯独人类昂首挺立藐视茫茫大地，

只要没有被那些低劣的想法所蒙蔽，

　他们定能意识到要举首仰望天空，

是故你必须让你的心志高昂，

　以免在你抬起头颅时，

却将灵魂压在你的肉体下。

VI.

所以，你看到了，正如我们指出的，所有被认识的东西并不是凭其本性而被领悟的，而是凭领悟者的力量才被领悟的，那么，现就让我们尽我们所能地来看一看，究竟上帝的实质是什么，这样，我们才能知道上帝有什么知识。在此，所有凭着理性生活的人都有这样的共识，即上帝是永恒存在的，那么，就让我们看看什么是永恒。因为这可以向我们阐明上帝的本性和上帝的知识是什么。永恒意味着同时而完全地拥有无限的生命。它同暂时的事物形成了鲜明对比，因为任何在时间中存活着的东西，其当前的存在始于某个过去的时间，结束于某个将来的时间，没有任何处于时间之中的东西可以在同一时间包括了它全部的生命空间。它还没有达到明天，却已经失去了昨天。即使在今天的生活中，也只不过是生活在一个瞬息即逝的瞬间而已。因此，凡是服从于时间的东西，如同亚里士多德*关于这个世界所说过的那样，虽然既没有开始也没有结束，虽然它们的生命也随同无限的时间得以延续下去，但它们无论如何也不可以被称作永恒。因为它们并没有涵括其全部的生命空间，尽管它们的生命也是无限的，但是，它们并不拥有那将要到来的未来时间。因此，配称得上永恒的，必定能够包括和拥有全部的无限生命，不会欠缺未来的任何一个部分，也不会丧失

---

　　* 见亚里士多德的《论天》，I，参见苗力田主编《古希腊哲学》，第 463—464 页。——译注

400-401

以往的任何一个部分，这样的存在本身不需要拥有什么，他永远可以亲临一切，可以无限地亲临任何瞬息万变的时间。因此，有人听到柏拉图*说这个世界既没有开始也没有结束，就认为被造的世界跟其创造者一样都是永恒的，他们错了。因为柏拉图归于世界、贯穿于无限生命之中的，是一回事，而包括无限生命之全部存在的，又是另一回事。说上帝比各样被造的事物更加古老，其所根据的不是时间历程，而是上帝本性的直接性。因为暂时的事物所做的无限的变动，是在模仿那亘古不变的生命之当前状态，既然它不可能表达出这种状态，也不可能与之等同，因而，就由原来的不变而堕落为变动，由直接亲临一切退化为未来与过去之无限历程，而这种受时间约束的状态不可能拥有其生命之全部内涵，却又总是以某种形式存在着，似乎部分地模仿着它所不能完全获得和表达的东西，使自己跟这短暂和瞬息万变的瞬间之微不足道的现状联结在一起，而由于它具有持久亲临的假象，因此，谁具有这种假象，似乎就成为了它模仿的东西。可是，正因为它不可能驻留不前，它经历的是无限的时间历程，所以，似乎它是一直在持续不断地延续着那个生命，但它却又不可能驻留下来去理解这种生命的丰富内涵。因此，如果我们想正确命名的话，照柏拉图**的说法，我们该称上帝是永恒存在的，而世界是延续存在的。因此，因为人作出任何判断，都是根据人的判断所固有的本性去把握判断的对象，但上帝却始终具有既永恒而又

402-403

---

　　*　见柏拉图的《蒂迈欧篇》，38B，可参见苗力田主编的《古希腊哲学》，第 375 页。——译注

　　**　柏拉图在他的《蒂迈欧篇》的第 27—43 节中阐明了他的这个观点。可参见苗力田主编的《古希腊哲学》，第 367—378 页。——译注

即时亲临的状态,上帝超越一切时间运动之上的知识体现在他万事亲临的直接性中,他的知识包括从过去到未来的无限空间,在他的直接知识中,一切事情好像都在发生着一般。因此,如果你想估测上帝用来辨别各样事情的他的预知,那么,更加正确的做法是将其看作对某个永不消退的即时顷刻的知识,而不是对某件将要发生的事情的预知。由此可见,不应该称之为先见或预见,而应该称之为天意,因为它远离低劣的事情,就好像从事物的顶端总览一切事物。因此,连人们看得见的事情尚且未必会发生,为什么你会要求那些上帝灵光所显示的事情必然发生呢?难道你的看法是要把必然性强加给你现在看得到的事情吗?”“那不是。”“可是,如果把人们的即时顷刻与上帝的即时顷刻作比较,就可以看到,你是在你那短暂的顷刻之中来观看某些事情的,而上帝是以他永恒的亲临来注视所有事情的。因此,上帝的预知并不是改变事情的本性和特性,这样的预知在上帝的亲临中注视着这些事情,就像这些事情终将发生,对这些事情,上帝绝不会有混乱的判断,他一眼就明白事情是不是必然会发生。举个例子,你看到有一个人在地上走路,又看到太阳在天空中升起,虽然你同时看到这两件事情,但你会作出判断,前者是自愿的,而后者是必然的。同样,上帝对万事的洞察并不会干扰事情的性质,而就时间而言,事情终将发生。因此,如果他知道这样一件事情应该会发生,也不是不知道它并非必然发生,那么,这不是一种看法,而是一个基于知识的真理。在此,如果你说上帝认为应该发生的事情别无选择必定发生,如果你又说那别无选择必定会发生的事情具有必然性,那么,你就将我束缚在必然性这个名称上,如果真是这样,我要承认这是一个极其严密的真理,但又是只有对神性

404-405

作非常深入的思考才能有所把握的真理,因为我会这样作答,即某 406-407
件事情,当它所依据的是上帝的知识的时候,它就是必然的;而当它
是以它自身的本性被衡量的时候,它就完全是自由而不受任何约束
的。因为有两种必然性:一种是直接的必然性,例如所有的人都必
然会死去;而另一种则是有条件的必然性,例如你知道某个人在走
路,那他必然是在走路,因为凡人所知道的事情,不可能不同于被知
道的那个事情。可是,这种有条件的必然性并没有因此就拥有那个
直接的或者说是绝对的必然性。因为有条件的必然性并不是产生
于事情的本性,而是由于附加了某个条件才得以产生的。因为并没
有什么必然性驱使那人去走路,他走路是出于他自愿,虽然说在他
正在走路的时候他必然是在走路。同样,如果有任何一件事情是天
意亲临而看到的,那么,那件事情就必然发生,尽管并不是出自于其
本性的必然性。但是,上帝却是亲临地注视着那些由自由意志发展
而成的未来事情。所以,这些事情在上帝的眼中,依据上帝的知识
是必然要发生的,如果就其自身来考虑,它们并没有丧失来自于其
自身本性的绝对自由。所以,毫无疑问,所有这些上帝预知要发生
的事情都要发生,但其中有一些却是由自由意志发展而成,那些事
情尽管发生了,但在发生的时候并没有丧失自由意志,因为在它们
确实发生之前,它们也还可以不发生。然而,你也许会问,既然凭着
上帝的知识,它们无论如何必然会发生,那说它们并不是必然发生
的又有什么区别可言呢? 其实,这区别,就跟前面说过的太阳升起
与人走路之间的区别是一样的。在它们正在发生的时候,它们别无
选择地发生了;但其中之一在其发生之前就注定要发生,而另一个
则不是。同样,凡上帝亲临到的事情,都毫无疑问是要发生的,但其 408-409

中有一些是由事情的必然性发展而成的,而另一些则产生于行事者的权力。因此,我们不无理由地可以这样说,如果就它们所依据的上帝的知识而言,它们是必然的;而如果就它们本身来考虑,它们并不受必然性的约束。好有一比,如果你把感官所感知的任何事物都归于理性,那么它就成为普遍的;但如果你就事论事地考虑这些事物,那它就变成个别的和特殊的。但是,你会说:'如果我有权力可以改变我的目的,那么,我就有可能更改天意所预知的那些事情,那我岂不是可以废除天意了?'我的回答是:你确实可以改变你的目的,可是,正因为那亲临在场的天意之真理看到了你能够这样做,而不管你愿意还是不愿意,无论你有什么新的目的,你都逃避不了上帝的预知,这就好比不管你如何凭着你的自由意志去做各样的活动,但你始终逃脱不了有一双亲临在场的眼睛在注视着你。

然而,你又会问:当我一会儿这样想,一会儿又那样想的时候,难道上帝的知识也跟着被改变,仿佛有着各不相同的知识? 并不是那样。因为上帝的洞察力超前于一切将要发生的事情,而且可以将这一切将要发生的事情都召唤到他的知识里来,就如同他亲临在场一般;他绝不像你所想象的那样,先知道了这件事情然后再去知道那一件事情,他虽然纹风不动,却在同一个瞬间超前去把握你会做出的变更。上帝对万事都做到亲临在场地加以把握和观察,他凭的并不是未来事情的发生,而是凭他自己的直接性。据此,你在前不久提出的怀疑也就解决了,可见,认为我们未来的行动应该会因此而导致产生上帝的知识是毫无意义的。因为上帝的知识以亲临在场的方式统括万事的力量,对任何事情都加以了限定,而无所求于其后发生的事情。这样的话,世俗人们的自由意志不至于遭到破

410-411

坏,而既然我们的意志完全不受必然性的束缚,那么,提出要对我们的意志加以惩罚或加以褒奖的那些法律,也就算不上不公正了。有那么一位万物的注视者就是上帝,他预见到万事万物,永恒而又时时亲临地视察着万事万物,与我们未来行为的性质相一致,安排好奖善罚恶。我们寄希望于上帝或是祈祷上帝决不会是徒然无用的;因为只要我们好好地这样去做,就像我们应该做的那样,我们绝不会白费力气,一无所获。为此,你该去恶从善,拥抱德性,谦卑地从地上向你那至高无上的君王祈祷。只要你不想置若罔闻,你就会感到自己有行善的必要,因为你是生活在你那位注视着万事万物的审判官的监视之下。"

索　引

本索引所标页码为 Loeb 本页码，参见本书边码

译　后　记

波爱修斯（Ancius Manlius Severinus Boethius），也译为波伊提乌，约公元 480 年出生于罗马的一个显赫家族，其父亲曾为执政官。公元 510 年，他年仅 30 岁就出任东哥特的罗马执政官。又由于他的身居高位的岳父的缘故，他的两个儿子也于公元 522 年出任联合执政官。但在公元 523 年，由于受人诬告，他以密谋叛国罪被投入监狱，并于公元 524 年被处死。

波爱修斯一生虽然非常短暂，而且他还花费很大的精力在处理政务上面，但他非凡的才智和勤奋，造就他对中世纪哲学的发展作出了重大贡献。他翻译了大量的古希腊哲学著作，尤其是亚里士多德和柏拉图的主要著作。他有着渊博的学识和广泛的兴趣。除了对基督教神学和古希腊哲学具有深入研究之外，他还专门对逻辑学、数学和音乐学做了卓有成效的著述。例如，他所撰写的以古希腊为背景的音乐学方面的论著，至今还在英国牛津大学和剑桥大学作为教材使用。

波爱修斯是中世纪基督教哲学中所谓教父哲学的最后一位，同时又是所谓经院哲学的最先一位，他的神学和哲学思想起着承前启后的重要作用。

波爱修斯是位虔诚的基督徒，他将他的五篇论述基督教信仰的论文收集在其《神学论文集》之中。而在《哲学的慰藉》中，他专门论述了其哲学思想。

波爱修斯的五篇神学论文,在奥古斯丁的学说的基础上,做了一系列的发展,可以较明显地看到他受到其所翻译的亚里士多德哲学理论的影响。他运用亚里士多德的哲学理论为基督教神学服务,将基督教信仰提升到系统的理论高度,提出了"神学"(theologia)研究的使命与内容。一般认为,是波爱修斯开创了中世纪的经院哲学。其后的托马斯·阿奎那,这位集经院哲学之大成者,在很多方面则是受到了波爱修斯的启发和影响。他运用理性思维来阐述深奥的神学问题,尤其是对"三位一体"这样一个在早期基督教信仰中引起很多争议和歧见的问题,他运用了亚里士多德的形式逻辑理论和范畴理论,作出了独特而新颖的解释。

而其《哲学的慰藉》是他的最后的一部著作,是在他受诬陷被投入监狱之后写成的。这时,他对人生有了新的感悟,对人世间的跌宕起伏有了富有洞察力的审视态度。他用散文与诗歌交替的形式,描述了他与代表理性的哲学女神的探讨。他的哲学思想,有着很浓厚的新柏拉图主义的特征,但又有所发展,尤其是突出了基督教神学与哲学的内在的和谐与一致。读者在本书中,尤其可以注意到他对理性与知识,命运与天意,自然规律与上帝的旨意等等之间的微妙关系所做的论述。他以本人与女神(指哲学)之间对话的形式来阐明自己对诸多问题的观点,通过提问和回答,使得问题有了更加透彻的解答。作者运用诗歌与说明互相交叉进行的方式把议论一步步向纵深推进,就如同用生动的实例和插图来诠释一些原本很深奥的论点。

《神学论文集》发表以后,成为其后的经院哲学家注释和研究的经典著作。一直到托马斯·阿奎那的《神学大全》问世之后,才由其取而代之而成为经院哲学的经典著作。这次翻译出版的由他的五篇论文所组成的《神学论文集》，是根据1918年英国伦敦出版的拉丁文—英文对照本译出的，英译者是英国剑桥三一学院的斯图尔特（H. F. Stewart）教授和美国哈佛大学的拉丁文教授兰德（E. K. Rand）。英译本忠实于拉丁文原著，对于原文的理解，起了重要的作用。但也有个别地方，没有能很好地考虑个别拉丁文词汇在波爱修斯所在的时代的含义与一千多年后由拉丁文派生的英文词汇的含义之间的巨大差异。众所周知，在中世纪，学者们使用的拉丁文词汇，往往是多义的，要根据上下文来判定其含义的。遇到这种情况，译者尽自己所能，根据上下文的意思，对英文译文作出了一些必要的更正。

《哲学的慰藉》，自从发表以来，就产生了巨大的反响，成为中世纪一部广为传播的名著。原文用拉丁文写成，自16世纪开始，陆续有了一系列欧洲各国语言的翻译本问世。我国香港的金陵神学院托事部与基督教辅侨出版社，也于1962年翻译出版了这本《哲学的慰藉》，列为《中世纪基督教思想家文选》的第一部。目前出版的这一本《哲学的慰藉》，所依据的是1918年英国伦敦出版的拉丁文—英文对照本。英文原译者署名为"I. T."，于公元1609年译成出版，这本对照本中的英文部分，则由英国剑桥三一学院的斯图尔特教授对"I. T."的译文做了仔细的校订。除了这个译本以外，另外还有五六种英文译本，但在与拉丁文原文的切合方面，都不如这本对照本。"I. T."差不多是莎士比亚的同时代人，因而，他在翻译本书的诗歌部分时，很明显带有莎士比亚时代诗歌的特色。我在翻译这些诗歌时，尽可能保留诗歌的韵味和语气。但英文诗歌译文中有时为了诗句结构的需要而对拉丁文原文的意思做了较大的更改,这时,中文译文就可以根据中文诗句的结构尽可能地靠近拉丁文原文了。

《神学论文集》和《哲学的慰藉》这两本书,哲理性强,语言生动。译者虽然做了很大的努力,但总免不了有很多疏忽和欠缺的地方。敬请读者批评指正。

荣震华

2007 年 8 月于上海

图书在版编目(CIP)数据

神学论文集　哲学的慰藉/(古罗马)波爱修斯著；
荣震华译.—北京:商务印书馆,2024
（中外哲学典籍大全.外国哲学典籍卷）
ISBN 978－7－100－22964－7

Ⅰ.①神… Ⅱ.①波… ②荣… Ⅲ.①神学－研究
②新柏拉图主义－哲学思想　Ⅳ.①B972 ②B502.44

中国国家版本馆 CIP 数据核字(2023)第 170323 号

中外哲学典籍大全 · 外国哲学典籍卷
神学论文集　哲学的慰藉
〔古罗马〕波爱修斯　著
荣震华　译

商 务 印 书 馆 出 版
（北京王府井大街36号　邮政编码100710）
商 务 印 书 馆 发 行
北 京 通 州 皇 家 印 刷 厂 印 刷
ISBN 978－7－100－22964－7

2024 年 3 月第 1 版　　开本 710×1000　1/16
2024 年 3 月北京第 1 次印刷　印张 16¾
定价：80.00 元